聪明养育系列

Great Myths of Child Development

儿童成长之谜

影响父母育儿观的50个迷思

[美] 斯蒂芬·赫普（Stephen Hupp）
杰里米·朱厄尔（Jeremy Jewell）著

郑淑明 史晴 译

中国人民大学出版社
·北京·

图书在版编目（C I P）数据

儿童成长之谜 ：影响父母育儿观的50个迷思 /（美）斯蒂芬·赫普（Stephen Hupp），（美）杰里米·朱厄尔（Jeremy Jewell）著 ；郑淑明，史晴译. -- 北京 ：中国人民大学出版社，2020.7

书名原文：Great Myths of Child Development

ISBN 978-7-300-28285-5

Ⅰ. ①儿… Ⅱ. ①斯… ②杰… ③郑… ④史… Ⅲ. ①儿童教育－家庭教育 Ⅳ. ①G782

中国版本图书馆CIP数据核字(2020)第111159号

儿童成长之谜：影响父母育儿观的50个迷思

［美］斯蒂芬·赫普（Stephen Hupp）、杰里米·朱厄尔（Jeremy Jewell） 著

郑淑明 史 晴 译

Ertong Chengzhang zhi Mi：Yingxiang Fumu Yuerguan de 50 Ge Misi

出版发行	中国人民大学出版社		
社　　址	北京中关村大街 31 号	**邮政编码**	100080
电　　话	010-62511242（总编室）		010-62511770（质管部）
	010-82501766（邮购部）		010-62514148（门市部）
	010-62515195（发行公司）		010-62515275（盗版举报）
网　　址	http：//www.crup.com.cn		
经　　销	新华书店		
印　　刷	天津中印联印务有限公司		
规　　格	148mm×210mm　32 开本	**版　次**	2020 年 7 月第 1 版
印　　张	7.5　插页 1	**印　次**	2020 年 7 月第 1 次印刷
字　　数	148 000	**定　价**	69.00 元

本书赞誉

在儿童领域有两条探索路径，一条是历史悠久靠祖辈口耳相传积累起的养育经验；另一条是20世纪才起步的理论和实验室研究。然而，两条路径都有着各自无法弥补的先天缺陷。理论和实验室研究过于理想化，与生活实际尚存距离，坊间经验堆砌缺少科学依据，易陷入误区。《儿童成长之谜》的两位作者则尝试在两者之间找到一条新的路径——既有科学严谨的调查，也有大量生活实践的反馈。这本书可以算是儿童领域理论研究与实践经验激烈碰撞后的入门读物，推荐家长和爱好者们仔细阅读。

奶舅吴斌

幼儿发展研究专家、我国首份幼儿发展报告

《可改变的人们》作者

破解迷思的惊喜之一就是，遇到了很多我一直认为是真实的说法，所以《儿童成长之谜》这本书为我提供了许多这样的惊喜：同卵双胞胎有着不同的基因吗？女性在怀孕期间可以再次怀孕吗？并非所有女孩都有XX性染色体、所有男孩都有XY染色体吗？父亲使用体罚的次数比母亲多吗？这些迷思都得到了当前最前沿的科学的验证，而不是大多数父母凭借直觉、谣言和口耳相传得来的。这本书应该被放在每个家长的床头柜上，供他们在担心自己可能做错事时参考。

迈克尔·舍默（Michael Shermer）

《怀疑论》（*Skeptic*）杂志出版商，《科学美国人》（*Scientific American*）月刊专栏作家，《人们为什么相信奇怪的事情》（*Why People Believe Weird Things*）、《容易轻信的大脑》（*The Believing Brain*）和《道德之弧》（*The Moral Arc*）作者

每个人都声称自己“了解”儿童成长，但事实证明并非如此。这本《儿童成长之谜》来得很及时，当我们遇到有“权威”背书但缺乏科学依据的相关言论时，可以随手查阅此书。我感觉我很快就会时常翻阅它。

帕特里克·C. 弗里曼（Patrick C. Friman）

博士、美国专业心理学会（ABPP）成员、博伊斯镇行为健康协会副主席、内布拉斯加大学医学中心（UNMC）儿科临床教授

对于消除儿童成长的普遍误解，尽管相关文献仍有限，但是数量却在不断增加，很高兴看到这本书成为其中的一名新成员。从调侃斯波克博士的建议到引用娱乐媒体，《儿童成长之谜》这本书引人入胜，信息丰富，并且所涉及的内容是大家急需的。

让·默瑟（Jean Mercer）

新泽西理查德斯托克顿学院荣誉退休教授、《儿童成长：迷思与误解》（*Child Development: Myths & Misunderstandings*）作者

作者赫普和朱厄尔系统地剖析并解开了关于儿童成长的 50 个

迷思，这些迷思经常在大众媒体和好心的育儿专家中传播。最重要的是，作者不仅要摒弃常见的误解，还提供了简明的建议和资源，以帮助读者做出科学的育儿决策。作为一名科研型的儿童心理学家，我希望所有家长、教师、教练和儿科医生都来阅读这本书。

布雷特·R. 库恩（Brett R.Kuhn）

博士、儿科心理学家、《幼儿家长手册：使用指南、问题秘籍和看护建议》（*The Toddler Owner's Manual: Operating Instructions, Trouble-shooting Tips, and Advice on System Maintenance*）合著者

推荐序一

张梅玲

中国科学院心理研究所研究员、教授、

博士生导师、国务院特殊津贴获得者

每个父母都希望更好地爱孩子。

那么，什么是“更好地”呢？其实，就是更科学的方式。

在信息不发达的时代，人们只有从亲朋好友、街坊邻居以及有限的媒体上获知育儿信息，难；在如今信息爆炸的时代，人们面对数不清而且有很多相互矛盾的信息，又会感到茫然而不知所措，很可能更难。

举个常见的例子。

很多父母在有了孩子后，都希望孩子比自己成功、幸福。那么，如何让孩子成长？什么又是“成功”和“幸福”的标准答案呢？这时，很多父母就想起了那句“要让孩子赢在起跑线上”。于是，给孩子报各种早教班，不仅花了很多的时间、精力和钱，还让小小的孩子完全没有喘息的机会，更别说激发孩子想象力和创造力了。

静下来想一想，“要让孩子赢在起跑线上”这句话，真的是对的吗?

其实，我更想说的是，漫漫人生路，我们要赢在终点线。

每个孩子都是一个独立的生命体。我们要学会尊重他，童年就是童年，童年就是玩儿，就是快乐。如果孩子没有快乐的童年，那么我们是对不起他的。孩子过了三岁、六岁，再也不会有这样的年纪了。现在，有的妈妈跟孩子说：“到外边去去玩会儿吧！”孩子会问：“我玩儿什么？”

童年本应该是充满想象力和创造力的时期，游戏是孩子世界中的语言，可是如果因为父母信奉“要让孩子赢在起跑线上”而给学龄前的孩子灌输大量不适合他们年龄段的东西，让孩子失去了玩耍的能力，是不是值得我们反思呢?在孩子成长的过程中，你又是否希望孩子每天除了刷手机，完全不知道还有什么方式能让自己放松呢?如果真是这样，他们又是否适应这个社会呢?

这本《儿童成长之谜》很有趣。它就像人们在儿时很热衷的解迷那样，提出了50个常见的迷思，涉及孕期、儿童成长、儿童情绪和行为、社会环境等方面，其中不乏我们在生活中常会听到的、很多人一直信以为真的迷思。

两位作者都是心理学博士，在书中客观地展示了前人的研究和热门影视剧作品中的观点，并用科学循证的方式，为读者一点点揭开迷思的面纱，呈现根据最新的科学研究成果而得出的结论。

书中有些迷思是针对养育方法的，有些迷思是针对育儿理念的，还有些迷思是针对社会观念的，它们都与我们的生活息息相关。以书中的“独生子女很可能自私、娇纵，而且不会社交”迷思为例。无论是在国外还是国内，都流行着这样的观点。这不仅会让人们对独生子女戴上有色眼镜，他们一旦出了问题人们就会以“独生子女自私、娇纵”的标签来下结论，还有可能会让有的父母因担心只有一个孩子会变得自私、娇纵而要二孩——其实，我是希望父母有更好的理由迎接第二个宝宝的降临。

希望本书能成为你育儿路上的伙伴和参谋，帮你认清常见迷思的真实面目，并引导你深入思考和推敲书中并未提到的那些育儿理念，让伪科学的观点不攻自破，为你减少因错信迷思而产生的种种不良后果。

推荐序二

苏德中

剑桥大学心理学博士、YoKID 教育集团创始人兼 CEO

《儿童成长之谜》是一本非常值得阅读的书。

生命伊始，孩子们踏上成长的旅程，在感知觉、记忆、思维、言语、情绪、社会性等方面迅速地发展，从开始的完全依赖父母，到一点点走向独立。在这个过程中，父母的引导和照顾起着至关重要的作用。然而，在信息爆炸的年代，口耳相传的经验之谈、大量的网络育儿分享，甚至是一些所谓专家的育儿观，都未必是真正经过科学验证的、有真实价值的育儿知识。

孩子的成长只有一次，经不起家长的不断试错。在对抗疾病方面，我们提倡科学用药，经过多次的、大样本的临床实验后才正式采用。同样，我们所提倡的科学育儿，也需要循证实践的支持。

我之所以推荐这本书，正是因为本书作者、南伊利诺伊大学心理学教授斯蒂芬·赫普和杰里米·朱厄尔，在破解育儿迷思的过程中，引用了大量的科学研究进行论证，列举了许多育儿的实际案例，可以帮助家长在育儿路上走得更顺利，消除不必要的焦虑和恐惧，真正做到科学育儿、幸福育儿。

所谓科学育儿，就是全面而综合考虑，不过度放大单一因素在儿童发展中的价值。例如，书中提到摄入糖分会引发多动症的迷思时，作者会强调由此引发的无糖饮食问题——糖是人体很重要的能量来源，去除孩子饮食中的所有糖，不仅破坏了他们饮食的均衡，也扰乱了家庭的日常生活。儿童的身体发展受到遗传、饮食、环境等综合因素的影响，在没有科学依据的情况下，过度放大任何单一因素的价值或影响，会给孩子和家人带来很多不必要的麻烦。

科学地结合实际情况，才能有针对性地解决育儿问题。举一些与孩子睡眠相关的例子。

不少育儿专家认为，孩子跟母亲同床睡有利于感情养成，但是美国儿科学会认为，同床会增加因大人压住孩子而造成孩子窒息的危险，因此建议让孩子单独睡婴儿床。

还有一个困扰家长的问题，就是孩子晚上哭闹不睡。绝大多数家长的做法都是抱起来哄睡了再放下，一些育儿专家也强调一定要这么做，否则孩子将来的情感成长会受到伤害。然而，大规模随机实验研究的结果都表明，哭着入睡没问题。科学家建议，只要孩子过了六个月就不应该哄睡了，除了孩子因疼痛或生病等哭着不睡家长必须立即反应，否则让他自己哭一会儿，哪怕哭的时间长一点，也不会影响身体健康，以及他将来的情感成长。事实上，哭着入睡有利于孩子学会控制感情，养成自然入睡的习惯；哄睡反而可能不好，会使孩子失去独立性，过分依赖。

任何一种育儿方法，如果不去结合实际情况都是会存在问题的，也没有任何一种育儿技巧适用于所有儿童的所有成长阶段。家长在面对和解决育儿问题时，首先要考虑选择适用于孩子当下的年龄阶段及发展状态，且在家庭环境中切实可行的方法，切忌盲目跟风。

这本书为我们揭开了 50 个育儿迷思的面纱，对于科学育儿，以及父母和孩子的幸福成长，都有着很大的贡献。随着育儿迷思的揭开，父母能够更尊重规律，陪伴孩子的成长。

在我们学校，我发现很多父母之所以有很多育儿迷思和困惑，源自对如何让孩子在某一方面发展得更快、更好的焦虑，很多家长对自己的孩子都有着较高的期待，这些期待源于比较，还有父母望子成龙的心愿。一方面，我们能够理解家长的苦心；另一方面，我们也真心地建议家长，尊重孩子成长的发展规律，用科学正确的方法，为孩子的发展创造适宜的环境，陪伴孩子的点点滴滴，幸福成长。

致　谢

献给我的亲人们，他们教授给我的远比我认为的要多；

也献给我的孩子们，他们让我明白我知道的远比我认为的要少。

斯蒂芬·赫普

献给我的妻子凯莉及我的女儿布雷亚和钱尼，

我是世界上最幸运的人，因为我拥有一个了不起的家庭。

杰里米·朱厄尔

前　言

整本书围绕儿童成长的迷思展开。你可能认为这并不是一个极其重要的话题，直到你发现有一些迷思给人们的生活（包括身心健康）带来了深刻的影响。比如，有些迷思阻碍了人们接受有效的心理治疗，还有些迷思使人心生愧疚，对旁人指手画脚，或是浪费钱财。我们对儿童成长方面的重要话题研究了解得越多，就越有可能做出明智的选择，从而促进整个社会拥有更健康的生活方式。本书将遵循以下结构来阐释：

1. 揭示广为流传的迷思；
2. 揭示人们为何相信这些迷思；
3. 讨论有研究依据的实践。

本书有两个主要的目标读者群。首先，本书献给身处矛盾中的父母，他们从家人、朋友、专家和名人那里获取的意见经常互相矛盾。我们也为人父母，像许多人一样，曾对其中的许多迷思都坚信不疑。我们曾考虑过将“父母最好别知道”作为本书的副书名。其次，本书也希望成为一本大学教材。比如，本书可用作本科阶段儿童成长课程的辅导书，或者是本科和研究生阶段更高水平的儿童心理学课程。我们也曾考虑过这样的副书名——“学生最好别知道”。本书也可能帮助到其他群体，包括老师、决策者，以及其他怀有好奇心的人。

为了兼顾大学课堂的需求，我们按照儿童成长课程的典型特点设计本书。有的大学课程按照时间顺序讲述儿童成长（如受孕期、婴儿期、幼儿期、儿童期），有的大学课程按照主题划分内容（如孕期、身体发育、认知发展、情绪发展等）。本书以后者为向导。

具体来说，我们学校的所有儿童心理学课程都在使用罗伯特·凯尔（Robert Kail）的教材，而本书的章节与其互为补充。事实上，大部分按主题分类的书籍都与凯尔的书有着相似的顺序，因此，如果能将本书与大部分按主题分类的儿童成长书籍搭配使用，效果一流。比如，我们提出的第一个迷思主要是关于始于子宫的双胞胎心灵感应，儿童成长类书籍往往会将双胞胎研究安排在第 1 章。同样，本书的前几个迷思主要都是关于受孕、怀孕或者新生儿的，儿童成长类的书籍也往往是将这些内容安排在前面。

本书第 2 章也与儿童成长类书籍的设置相似，包括成长、运动发育、认知发展和语言；第 3 章与包含情绪发展和行为问题的教材章节相一致；最后，第 4 章对应有关家庭和家庭之外影响因素的章节。

与许多大学一样，我们学校的儿童成长课程和青少年成长课程是分开授课的。因此，本书中的所有主题都来自儿童成长课程，而不是青少年成长课程。关于青少年成长的迷思也有不少，但我们还是尽量回避了某些话题（如性、毒品、摇滚）。因此，市场依然非常需要诸如《青少年成长之谜》一类的书籍。

本书成功出版离不开众人的帮助。首先，非常感谢本系列的主编——斯科特·O. 利林菲尔德（Scott O. Lilienfeld）和斯蒂芬·杰伊·林恩（Steven Jay Lynn），他们创作了这个系列的书籍，让我们有机会为之贡献才力。《心理学的 50 大奥秘》（*Great Myths of Popular Psychology*）出版后不久，我们就满怀热情地拜读了此作。本书能够成为这个系列书籍中的一部，我们深以为荣。在过去的两年里，不管是大问题（如迷思的选择）、小问题（如标点符号的位置），还是介于两者之间的所有问题（如有效传达信息的方式），斯科特和斯蒂芬都为我们提供了极其宝贵的意见和反馈。同时，感谢威立 - 布莱克威尔出版公司（Wiley-Blackwell）的编辑们。特别感谢马修·贝克特（Matthew Bennett）与我们一道启动了该项目，也感谢丹尼尔·德柯特奥斯（Danielle Descoteaux）全程对该项目的大力支持。同时，非常感谢我们的同事、朋友、家人和学生，与我们分享自己的想法，也给了我们许多关于本书内容的反馈。最后，特别感谢我们的研究助理卡特里娜·萨拉马（Catrina Salama），她为本书开展了大量的调研工作。

目 录
contents

/ 第 2 章　有关成长、身体和头脑的迷思 /

▼ 最受关注的迷思

▼ 速解迷思

/ 第 3 章　有关情绪和行为的迷思 /

▼ 最受关注的迷思

▼ 速解迷思

/ 第 4 章　有关社会环境的迷思 /

引　言

儿科医生、作家本杰明·斯波克（Benjamin Spock）博士，数十年来一直用一句口头禅劝慰父母们——“你知道的远比你认为的要多”。这的确向父母们传递了一条好消息。家人、朋友、媒体，当然还有育儿专家，会给父母们很多建议。不过，斯波克博士警告称，他人的建议往往会互相矛盾，并写道：“你听说要少摆弄宝宝，又听说要多抱抱宝宝；你听说菠菜是最有价值的蔬菜，又听说菠菜毫无用处；你听说童话故事会让孩子神经紧张，又听说童话故事其实是一种有益于身心的发泄方式。”在几十年后的今天，父母们还是会继续听到这样自相矛盾的信息，甚至更多。

斯波克博士再三向父母们确证，他们本身了解得已经够多了。事实上，不同出处的建议可能会相互矛盾，考虑到这种情况，斯波克博士的这种确证对父母们来说还是很有帮助的，因为他们通常不需要接受任何专业培训，也不需要参加任何育儿工作坊或学习任何育儿课程就能掌握育儿方法。实际上，“专家意见”有时会误导父母们，因此有些时候父母们最好自己拿主意，而不是听从他人的意见。对于孩子来说——无论是胎儿、婴儿还是儿童，什么才是最好的呢？关于这一点，父母们会接触到无数的说法。有些说法已经得到研究支持，有些说法尚未经过研究，还有些说法已经被研究证实是错误的。

有时候，专业人士们拍着胸脯做出的论断并没有研究依据，我们把这些论断称作“迷思”。儿童成长迷思的普及者不仅有斯波克，还包括西格蒙德·弗洛伊德（Sigmund Freud）、威廉·西尔斯（William Sears）、詹姆士·杜布森（James Dobson）和劳拉·施莱辛格（Laura Schlessinger）。我们将会谈到他们的一些建议，以及许多其他育儿专家的建议。但平心而论，每个人都会在特定时候对某些迷思深信不疑，包括我们自己。事实上，在研究开始之前，这本书所揭示的许多“重大迷思”我们都曾相信过。我们直到最近仍在相信的迷思，是我们最喜欢的迷思之一。因此，尽管我们在引言的开头部分肯定了斯波克的那句口头禅，但这句宽慰父母的话要经过稍加改动才能成为我们这本书的重点——你知道的迷思远比你认为的要多。

本书不仅探究了斯波克博士及其他专家的建议，还引入了另一个“斯波克”——来自若干世纪后的“进取号”星舰。电视剧《星际迷航》（*Star Trek*）里有一集讲到，斯波克先生听到星舰里的医生在用“儿语”和一个来自另一个星球的婴儿说话。斯波克很迷惑，因为这显然不是成年瓦肯人和幼年瓦肯人正常的交流方式。儿语是会阻碍还是促进儿童成长呢？这是一个重要的问题。同样重要的是，电视剧（如《星际迷航》里的例子）又是如何帮助我们塑造观念的呢？

我们还会把其他影视作品中的一些例子与本书中的迷思联

系起来，包括《冰雪奇缘》（*Frozen*）、《欲望都市》（*Sex and the City*）、《摩登家庭》（*Modern Family*）、《办公室》（*The Office*）、《宋飞正传》（*Seinfeld*）、《蛋糕店老板》（*Cake Boss*）、《辛普森一家》（*The Simpsons*）等。我们还会分享名人案例，比如考特妮·卡戴珊（Kourtney Kardashian）、约翰·特拉沃尔塔（John Travolta）、萨尔玛·海耶克（Salma Hayek）、尼尔·帕特里克·哈里斯（Neil Patrick Harris）、珍妮·麦卡锡（Jenny McCarthy）、比尔·恩格瓦（Bill Engvall）和艺术家伦勃朗（Rembrandt）。如果你更喜爱读书，我们在本书中还引用了系列小说《黑暗塔》（*The Dark Tower*）和《爱心小熊》（*The Care Bears*）中的例子。好吧，我们承认，我们并没有参考很多的文学小说，但还是希望你能喜欢我们列出的影视作品和名人！

不光是育儿专家和媒体会塑造我们的观念，我们经常也会根据所谓的常识得出自己的结论。遗憾的是，常识通常具有误导性。利林菲尔德及其同事曾合著过一本书，他们在这本书的引言部分指出，他们的目标之一就是“在评判心理学方面的说法时，让你不信任自己的常识”。为什么常识经常出错？利林菲尔德等人提出了“10 个心理学迷思之源”，解释了促使人们相信迷思的常见错误。幸运的是，一旦你牢牢掌握迷思的来源，你对迷思的免疫能力就会大大增强。

心理学迷思之源

不同来源的迷思代表了我们易犯的思维错误。我们将简要介绍一下利林菲尔德等人提出的心理学迷思的每一个来源。

1. 口耳相传。我们倾向于相信我们经常听到的或者听起来容易让人记住的信息。举个例子，我们都听说过“可怕的两岁”这个朗朗上口的说法，但是两岁这个年纪并没有那么可怕。

2. 追求简单答案和权宜之计。人类的本性就是用最少的努力换取最多的回报，这驱使我们相信，许多问题都有简单的解决办法。举个例子，如果孩子能够通过观看视频变得更聪明，那么这对我们来说当然是再好不过了，但真相是——观看视频并不会对智力有太多的影响。

3. 选择性感知和记忆。一旦我们听说了某种说法，就会认为（并记得）这个说法一直都受到支持，但是我们从头至尾都忽略了（或是忘记了）这种说法并没有被证实。比如，我们倾向于记得双胞胎会同时感觉到一种神秘的疼痛，但是很少注意到有上千次，在双胞胎之一受伤时，另一个并无大碍。

4. 从相关性推理出因果关系。我们经常误认为一个变量会引发另一个变量的原因是，两个变量倾向于同时发生。举个例子，在过去的几十年里，儿童注射的疫苗种类越来越多。同时，儿童患孤独症谱系障碍的概率也越来越高。此外，在过去的十年里，美国女歌手、女演员麦莉·塞勒斯（Miley Cyrus）也越来越受欢迎。换句话说，麦莉·塞勒斯的受欢迎度与孤独症患病率相关。凭什么人们认为孤独症与疫苗有关，而麦莉·塞勒斯则可以“逍遥法外”呢？

5.“后发者因之而发”推理。拉丁语中，“后发者因之而发”的意思是“某事在此事之后发生，所以某事的起因就是此事”。换句话说，因为A在B前面，所以我们倾向于相信，A引起了B。比如，一对夫妇在领养了一个孩子后不久，妻子就怀孕了；但是这并不意味着领养“导致”怀孕。

6. 基于有偏样本的推论。我们更愿意相信一个群体的少数人可以代表这个群体的所有人。举个例子，幼儿园的老师上新闻通常都是因为发生了不好的事情。这可能导致人们相信，很多幼儿园老师都存在问题，而事实是，绝大多数幼儿园老师悉心照料着孩子们，却很少出现在新闻里。

7. 代表性推理。当我们看到两种事物在某个方面具有相似性，我们就会倾向于认为，这种相似性使两种事物产生了有意义的联系。比如，男孩子喜欢篮球等运动，女孩子甜得像西瓜；因此，一些人错误地认为，如果孕妇的大肚子和其中一样物品形状相似，就可以据此判断出胎儿的性别（这确实是一个有性别歧视的比较，并非我们凭空捏造出来的）。

8. 误导性的电影和媒体刻画。当媒体刻画心理现象时，往往会将这种现象描绘为比现实更具有轰动性，我们也信以为真。比如，电视节目和电影乐于展示孩子们吃了糖后变得多么亢奋。因为，平静的孩子鲜有能够提高收视率的！

9. 事实的夸张。我们倾向于用微小的事实证明更广泛、更复杂的说法。比如，母乳喂养婴儿大约一年可以带来多种好处，但是有一些人声称，母乳喂养五年、六年甚至七年才会有益于孩子，尽管并没有研究支持这一说法。

10. 术语混乱。我们通常停留在术语的表面意思，尽管这些术语可能本身就不正确。比如，术语"同卵双胞胎"暗示一对双胞胎有着完全相同的（也就是"同卵的"）基因。然而，如果你之前看过其中一个"速解迷思"，你就会发现这一术语具有欺骗性。

定义"重大迷思"

本书包含 50 个"重大迷思"，是从上百种可能性中拣选出来的。在决策过程中，我们认为有必要定义什么是儿童成长的"重大迷思"。以下是我们界定"重大迷思"的七个标准：

1. 很多人都听说过这一迷思；
2. 很多人目前依然相信这一迷思；
3. 人们首次听到这一迷思时，觉得"真实"且可信；
4. 这一迷思得到许多专家（或者说是伪专家）的支持；
5. 有令人信服的证据表明这一迷思的矛盾性；
6. 相信这一迷思可能会在某些情况下产生不良影响；
7. 这一迷思不利于人们运用可行的循证实践。

其他影响迷思筛选的因素都是基于以下诉求的：

1. 涵盖广泛的主题（如走路、说话和畏缩不前）；
2. 跨越不同年龄组（如胎儿、婴儿和儿童）；
3. 主要关注儿童（不同于青少年或成年人）；
4. 专属于本书（不同于利林菲尔德等人所著书中的迷思）。

在本书中，最受关注的迷思有 22 个，因为它们最能反映上文中对“重大迷思”的定义。除此之外，我们还介绍了 28 个速解迷思，因此本书一共包括 50 个迷思。之所以这样安排，是因为这 28 个速解迷思并不完全符合我们对“重大迷思”的定义；但是我们依然认为这些迷思非常重要，值得在此一提。

罗伯特·帕克（Robert Park）在其著作《巫术科学：从愚蠢迈向欺诈之路》（*Voodoo Science: The Road from Foolishness to Fraud*）中，将值得怀疑的说法进行归类，描述了另一种思考迷思的宝贵方式。第一，科学家们善心开展研究，却因研究设计的内在问题自欺欺人，“病态科学”随之出现；第二，理论家故意提出没有研究依据的观点，“垃圾科学”随之出现；第三，实践者有意使他们未经证实的说法听上去科学严谨，因为他们相信这些说法都是真的，“伪科学”随之出现；最后，故意利用糟糕的研究快速捞钱，“欺诈科学”随之出现。如你所见，帕克根据专家们（或伪专家们）散播错误信息（无论是有意的还是无意）的不同方式对巫术科学进行分类。依照这种思路，人们可以把迷思划分为病态迷思、垃圾迷思、伪科学迷思，以及欺诈迷思。

诚然，我们认为必须小心使用“伪科学”或“迷思”等诸如此类的词。比如，外星人造访地球的说法就是一个迷思，因为目前并没有可靠的证据证明曾发生过此类现象，但是也很难“证实”其不存在。外星人很有可能在某一天就来光临地球；因此，如今的迷思可能会在未来的某个时刻成为现实（尽管如此，你还是不要对外星人抱太大希望）。同样重要的是，要谨慎使用“证据”或“真理”等术语，因为我们的认知水平正不断发展与进化。

你需要了解：循证实践与资源

有很多迷思我们还是不要相信为好。从本质上讲，本书的重点就是你不需要了解的知识（尽管我们认为，你有必要了解你不应该了解的知识）。然而，我们还是想花些时间写一写许多人可能想了解的儿童成长知识。我们界定“重大迷思”的操作性定义时，最后一个标准是“这一迷思不利于人们运用可行的循证实践”。这一标准引发了一个问题：儿童成长中是否存在循证实践?

约翰·罗斯蒙德（John Rosemond）既是一位心理学家，也是一位畅销书作家。他最近写道：“没有一种儿童疗法的功效——没有一种——曾在对照研究得到印证。”这句话出自他所著的一本书。与本书相似的是，罗斯蒙德在其书中也揭示了一些儿童心理学迷思。他的书有很多地方还是不错的。另一方面，罗斯蒙德也帮我们说明了怀疑主义和犬儒主义的区别。罗斯蒙德对于他（还有我们）所处的临床儿童心理学行业持消极态度。怀疑主义要求证据。犬儒主义不接受证据。的确，有大量证据表明，临床儿童心理学有多种不同类型的循证实践。

本书大部分章节有一个共同的主线，即循证实践。比如，美国心理学会的一个工作组通过开展调查研究，检验不同治疗方法的效果，并根据调查研究的数量和质量确立相关标准，将治疗方法分为“确认有效的”和“可能有效的”。这一工作组总结了上百个（甚至上千个）关于儿童心理治疗的规范研究。我们推荐有兴趣的读者登录 www.effectivechildtherapy.com，这一网站由美国儿童和青少年临床心理协会赞助发起。对于常见的儿童问题，这一网站可提供有用的信息链接，内容包含有研究支持的治疗手段。

目前的儿童治疗实践面临一定程度的阻碍，我们能够报以理解。许许多多迷思仍然存在。幸运的是，还有很多真理正待发现。许多人致力于区分心理学的“重大迷思”和心理科学。正如卡尔·萨根（Carl Sagan）所写：“科学的任何一个领域内都有与其相关的伪科学。”的确，迷思并非心理学所独有。不过，萨根是怀疑论者，而不是犬儒学派。萨根曾著有《魔鬼出没的世界：科学，照亮黑暗的蜡烛》（*The Demon-Haunted World: Science as a Candle in the Dark*）。这本书的副书名唤起了人们的希望——科学之光会照亮伪科学的黑暗。

本书不仅有检验儿童成长迷思的研究，还分享了儿童成长方面的循证实践信息。部分迷思的末尾还会有简短的专栏（“你需要知道的”），我们会在这一专栏中分享研究、网站、书籍等，帮助父母和儿童成长领域的学习者。我们基于循证实践挑选资源，但是很多时候开展类似研究的临床医生也会著书立说。

我们认为本书可以培养父母和学习者的批判性思维，挖掘有价值的信息。也就是说，本书可以为寻找自助书或其他有研究依据的资源提供方法。如此一来，我们希望父母们（或准父母们）能够将本书作为“元自助”书使用。传统的自助书具体论述一个主题，而我们的这本元自助书调查题材广泛，可让读者查询到传统意义上的（基于研究的）自助书。我们希望本书能够通过这种方式点亮黑暗中的蜡烛。

我们的研究

关于本书中的“迷思”，我们有时可以轻易找到相关的民意调查，有时却不能。这一难题促使我们决定开展自己的研究，调查关于儿童成长迷思的观点。鉴于我们会在每一章参考并阐释我们的研究，因此我们不必在每章提供相应的细节。我们首先制定了一份问卷，即《儿童评价量表》（*Opinions About Kids Scale*，*OAKS*）。这份问卷包含 26 条我们认为是迷思的观点（如“使用婴儿学步车可以帮助学步儿童更快地学会走路”）。我们的问卷将这些迷思穿插在 26 条我们认为有研究依据的观点中（比如，大部分婴儿的视力要比大部分成人的视力差）。被调查人在评估每条观点时有四个选择，分别是“同意”“有点同意”“有点不同意”“不同意”。为方便理解，回答“同意”和“有点同意”的调查对象都被算作同意（至少部分同意）此观点的人。

随后，我们将调查问卷发放给两组人。我们先调查了 163 名本科生，他们来自美国中西部地区一所中等规模的大学，调查当天也是他们“儿童心理学”课程开课的第一天。他们都是自愿参与这项调查的，并且对他们的信息都是保密的，也不会和他们的课程成绩相关联。后来，我们又通过网络问卷的方式在全美范围内调查了 205 名父母。

调查结果显示，本科生和父母们的回答相似度很高。例如，78% 的大学生和 76% 的父母赞同“使用婴儿学步车可以帮助学步儿童会走路”这一迷思。而对于有研究依据的观点，我们也会分享两组人对其中一个观点的看法。具体来说，52% 的学生和 66% 的父母赞同“大部分婴儿的视力要比大部分成人的视力差”这一有研究依据的观点。可见，参与者实际上更容易相信迷思，而不是有研究依据的观点！我们将继续在本书中分享关于此类迷思的相似结果。

最后几句话

在接下来很长的一段时间内，我们将会和一群聪明人辩论。我们曾努力谨言慎行，以免落人口舌。然而，我们意识到自己会不可避免地犯一些错误。我们希望你能用怀疑的态度看待儿童成长，所以，为了公平起见，你最好带着适度的怀疑（而不是愤世嫉俗的观念）阅读本书。请随时提出我们观点或者研究中的错误。如果你知道其他符合要求的迷思、流行文化范例或者调查研究，也请联系我们。

第1章 有关孕期的迷思

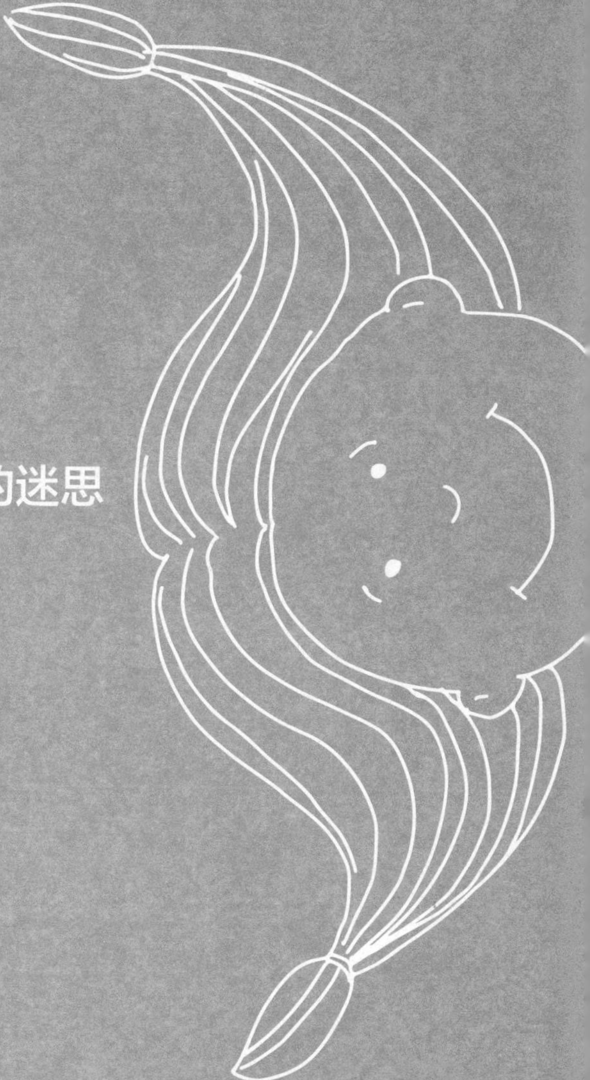

最受关注的迷思

▼ 迷思 1
同卵双胞胎有一种始于子宫的心灵感应

或许你听说过西尔维娅·兰达（Silvia Landa）和玛尔塔·兰达（Marta Landa）的故事。

这对四岁的双胞胎上了新闻，因为玛尔塔被一块铁板烫伤了手，身处数英里[①]外的西尔维娅感受到一阵剧痛，长了一个同样的水泡。在接下来的调查中，即使这对双胞胎被分配在不同的房间——敲一敲玛尔塔的膝盖，西尔维娅的腿就会开始摆动；玛尔塔闻到香水的时候，西尔维娅捂住了鼻子；光线射进玛尔塔的眼睛时，西尔维娅就会眨眼睛。这对双胞胎似乎有着一种特殊的心灵感应。

2011 年，电视新闻节目《夜线》（*Nightline*）推出姊妹篇《黄金夜线之不可思议》（*Primetime Nightline: Beyond Belief*）。第一集《双胞胎的直觉：心灵感应吗》探讨了同卵双胞胎之间的特殊关系。

---

① 1 英里≈1.6 千米。——译者注

这个节目的记者张菊菊（Juju Chang）声称：“双胞胎身上会产生某些莫名其妙的现象，即使是现代科学也无法解释。”张菊菊继续解释心灵感应的潜在原因，暗示“双胞胎在子宫中一开始是一个肉体、一个胚胎，在妊娠期会分裂成两个，但是，即使他们的身体已经分离，他们的灵魂也许还在纠缠不清”。詹森（Jensen）和帕克（Parker）将这种始于子宫的联系称为“量子纠缠”，暗示受精卵分裂的时间越久，这种特殊的联系越紧密。

《黄金夜线》节目中就有这么一个关于新生双胞胎的故事：双胞胎中的一个频繁从深度睡眠中醒来，就在同一时刻，他的双胞胎兄弟在另一个房间接受手术。在另一个事例中，一个五岁孩子的一边眼眶出现淤青，而在这之前，她的双胞胎姐妹在操场上伤了同一边眼睛。“这到底是双胞胎之一通过心灵感应将她的损伤转移给她的姐妹，还是一个偶然？”张菊菊问道。

《双胞胎心灵感应》（*Twin Telepathy*）这本书也报道了许多相似的奇闻逸事。

一个三岁的孩子“无缘无故地惊恐大叫”，他的妈妈这才意识到，他的双胞胎兄弟正在“沙发上呼吸困难，没有发出任何声响”；

一个五个月的孩子“拼命大叫”，与此同时，他的双胞胎兄弟在安静地接受疫苗注射；

一个六岁的孩子锁骨骨折，而他的双胞胎兄弟在“半小时内”以不同的方式摔断了锁骨；

一个七岁的孩子向她的妈妈讲述了一个梦，她的双胞胎姐妹

（从未听说过这个梦）后来说自己做了一个“完全相同的梦”；

一个八岁的孩子在隐约感觉到“恐慌”时，开始寻找她的双胞胎姐妹，然后她发现她的双胞胎姐妹弄掉了一颗牙。

这些事例的焦点都是孩子，普莱费尔（Playfair）在一篇未发表的博士论文中指出，心灵感应在三岁时达到巅峰，到了八岁时这种联系就会中断。同样，其他人曾建议，最好在双胞胎成年之前研究他们之间的心灵感应，因为他们会受生活环境的影响而日渐不同。苏菲娅·布朗（Sylvia Browne）自称有特异功能，并且小有名气，她认为，拥有特异功能的孩子是通向“另一边精神世界”的窗户。

然而，普莱费尔讲述的其他轶事还包括成年的双胞胎为彼此选择了同样的礼物［如格洛丽亚·范德比尔特（Gloria Vanderbilt）和她双胞胎姐妹的案例］、同时死亡（发生在同一天，并且以同样的方式）、同期谋杀（就是说双胞胎中的另一个不知道为什么，突然有种想杀了某个人的冲动）。并且，这本书还提到，“猫王”埃尔维斯·普雷斯利（Elvis Presley）想念他出生时就已夭折的双胞胎兄弟。

双胞胎心灵感应在流行文化中也很常见。普莱费尔指出，大仲马（Alexandre Dumas）的小说《科西嘉兄弟》（*The Corsican Brothers*）是第一部提及这种特殊联系的文学作品。在这部小说中，一对同卵双胞胎可以感受到彼此的痛苦。小说中的第一个例子是这样的：

双胞胎中的一个说："我的心脏疼痛难耐，并且伴有心悸，显然我的双胞胎兄弟正在承受某种巨大的悲痛。"

双胞胎心灵感应的故事已被多次改编后搬上舞台和荧幕，也许其中最著名的就是《切奇和钟的科西嘉兄弟》（*Cheech and Chong's The Corsican Brothers*），正如官方电影预告片中所说："当双胞胎中的一个受伤时，另一个就会感受到痛苦。"有趣的是，切奇和钟饰演的角色并不是大仲马小说中的同卵双胞胎，而是有着不同生父的异卵双胞胎（有关此主题的更多信息，请参考本书后记中的"真相比小说更离奇"）。在这部改编的电影中，双胞胎用搞笑的方式故意自残，目的是为了给对方带来痛苦。

在《龙兄鼠弟》（*Twins*）这部电影中，阿诺·施瓦辛格（Arnold Schwarzenegger）和丹尼·德维托（Danny DeVito）饰演了一对转基因"同卵"双胞胎，尽管受精卵分裂得并不均匀，但诚如施瓦辛格饰演的角色坦言："我们是双胞胎，我能感受到你的痛苦。"电影《分秒间离》（*Seconds Apart*）讲述了一名侦探［奥兰多·琼斯（Orlando Jones）饰］调查一对青少年双胞胎所犯的谋杀案，这对双胞胎拥有一种邪恶的心灵感应。这种双胞胎心灵感应也出现在最近的文学小说中。比如，在斯蒂芬·金（Stephen King）的小说《黑暗塔》中，一个坏人企图从孩子们的大脑中夺取一种"独生子所没有的酶或者分泌物……可以造就所谓的'双胞胎心灵感应'现象"。

弗朗西斯·高尔顿（Francis Galton）爵士曾为先天与后天之争

的普及起到了推动作用，因此他被称为第一个认真思考双胞胎心灵感应的科学家。高尔顿指出，三分之一的双胞胎“想法相似”，他们在同一时间说出同样的话，帮对方说完后半句话，令人惊奇的是，他们为对方买同样的礼物。普莱费尔将这种相似性称为心灵感应，但是，如果我们说高尔顿也认为双胞胎的相似行为是由相同基因导致的，那么这对高尔顿来说可能并不公平。

在《双胞胎和超级双胞胎》（*Twins and Super-Twins*）这本书中，霍拉蒂奥·纽曼（Horatio Newman）博士把双胞胎心灵感应称为大众观点，而这一迷思延续至今。一份盖洛普民意调查显示，37% 的美国人相信心灵感应，27% 的人表示不确定。而我们的调查显示，56% 的大学生和 76% 的家长相信“一些同卵双胞胎能够感受到对方身体的疼痛”。一项发表在《行为遗传学》（*Behavior Genetics*）杂志上的研究表明，40% 的同卵双胞胎（和 12% 的异卵双胞胎）相信他们之间有一种心灵感应联系。总而言之，人们普遍相信，双胞胎之间存在心灵感应。

正因为这种看法如此普遍，所以研究者已经试图验证双胞胎之间特殊联系存在的可能性。比如，纳什（Nash）和布兹比（Buzby）利用超感知觉测试（ESP）调查同卵双胞胎和异卵双胞胎之间的差异（5~13 岁），看看超视觉（clairvoyance，又称透目力、透视）是否有遗传基础。在多次实验中，被试被要求猜测某张卡片上的符号是五个中的哪一个。尽管同卵双胞胎组的分数呈正相关（即他们彼此之间的答案类似），并且成绩显著，但是异卵双胞胎的成绩并不理想，这促使研究者得出结论：超感知觉没有遗传基础。另一方面，在接下来的评论中，蒂森（Thiessen）强调说，同卵双胞胎的分数低于随机猜测的结果。换句话说，每个被试要参加150次实验，并且只有五个符号选项，如果只是随机猜测，被试在150次实验中应该能猜对30次。事实上，双胞胎们的平均分不足30分——这还没有随机猜测的概率大，因此这不足以证明双胞胎有超感知觉的假设。然而，纳什和布兹比不能接受这一结论，他们把被试糟糕的表现归结为双胞胎之间的竞争——他们就像心灵相通那样，试图拉低彼此的分数。

经过几十年的调查，其他研究者也没有发现双胞胎之间的心灵感应。比如，一项发表在《美国心灵研究学会杂志》（*Journal of the American Society for Psychical Research*）的研究邀请了九对青少年同卵双胞胎。在实验中，每对双胞胎被分配在不同的房间，其中一个在观看精彩电影时，检测另一个人的身体以观察其生理反应。尽管研究者多次推测“实验环境本身不利于超感知觉交流”的原因，这项研究未能证明双胞胎之间存在有意义的心灵感应。大量研究表明，未能发现重大成果并不意味着双胞胎之间没有任何心灵感应；相反，一些调查者不遗余力地寻找一点一滴的证据，用微不足道的发现支持研究中心灵感应的假设。

研究者一直在探寻实验室研究方法，以期识别一种特殊的双胞胎联系。詹森和帕克研究了三对9~21岁的同卵双胞胎。和之前的研究一样，每对双胞胎被分配在不同房间，其中一个受到刺激

（如有个气球在他们脑后爆炸），情绪激动，观察另一个的生理反应。总的来说，研究者未能发现双胞胎的反应之间有任何重大联系。后续的一项研究得出了同样的结论。

我们想分享的最后一条信息，可以推翻双胞胎或其他任何人有心灵感应能力的观点。1964 年，著名怀疑论者、人称“神奇的兰迪”的詹姆斯·兰迪（James Randi）向大众发出挑战，寻找愿意站出来证明超能力存在的人。这项挑战一直持续至今，现在被称为“百万美元挑战”，资金由詹姆斯·兰迪教育基金会提供。尽管有数百人试图提供科学可信的证据证明超能力的存在，有几个还与心灵感应相关，但是这些人连初赛都没通过。

尽管有证据指出事实并非如此，但我们的调查结果表明，仍有许多人（包括双胞胎本人）相信，同卵双胞胎之间存在心灵感应。为什么会这样？首先，在许多文化中，为双胞胎赋予特殊能力的传统由来已久。据纽曼称，一些文化信仰认为，双胞胎是吉兆，是来自繁育之神的好兆头。此外，还有人认为，双胞胎被赋予超自然力量，比如，对蛇毒免疫、拥有阻止水沸腾的能力，甚至是预测胎儿性别的能力（有关预测胎儿性别的其他误解，请参考迷思 3）。因此，早期关于双胞胎和超自然能力的理念可能慢慢演化成现代的看法。

一些心理学迷思之源也有助于解释人们为何普遍相信双胞胎存在心灵感应。选择性感知和记忆导致的偏见可能会影响一个人的判断。有时候，两个人感受到同样的疼痛，拥有同样的想法，穿同样的衣服，买同样的礼物，或者同时叫对方的名字。如果这两人不是双胞胎，那么很容易被认为这些情形都是巧合，但是对于双胞胎来说，这些巧合更令人难忘。人们记得这些巧合，并讲述这些故事，包括双胞胎自己，但是他们很快忘记（也不会再说起）其他时候他们不会感受到同样的疼痛，不会拥有同样的想法，不会穿同样的衣服，不会买同样的礼物，不会同时叫对方的名字。

一些文化认为，双胞胎（和他们所谓的超自然力量）是凶兆，这些人相信双胞胎心灵感应会产生极大的危害。纽曼报道说，在西非的贝宁地区，双胞胎曾"被视为魔鬼的访问"，人祭在所难免。此外，相信双胞胎心灵感应可能会促使更多人相信，某些人拥有特殊的通灵能力。发生儿童诱拐事件时，许多所谓的"灵媒"骗取大量的金钱，误导警察和父母们。例如，2003 年，灵媒苏菲娅·布朗在《蒙特尔·威廉姆斯秀》（*The Montel Williams Show*）节目中告诉阿曼达·贝里（Amanda Berry）的母亲，于 2002 年被绑架的阿曼达已经死了。但是 10 年之后，也就是 2013 年，阿曼达从绑架者手中逃脱，并英勇地帮助其他受害者逃跑，震惊了整个世界。尽管布朗不擅长心灵预测，但她的书中专门有一章可作为如何抚养有通灵能力（包括心灵感应）的孩子的"指导手册"。遗憾的是，像这样的手册只会促使父母和孩子不做批判性思考。

你需要知道的

抚养两个同龄儿童有时比抚养两个不同年龄的孩子

更困难。此外，双胞胎的父母试图在维系双胞胎紧密联系与鼓励每个孩子独立之间取得平衡。由美国儿科学会（American Academy of Pediatrics，AAP）出版的《抚育双胞胎：从怀孕到学前教育》(*Raising Twins: From Pregnancy to Preschool*）一书，涵盖了怀孕、早产、母乳喂养、睡眠、玩具分享、社交、公平、一对一交流，以及学前教育等方面的内容。不过，这本书并不包含如何提升双胞胎心灵感应能力的技巧——我们认为这是一件好事。

▼ 迷思 2
患不孕症的夫妇在领养孩子后会提高怀孕的概率

人类一直担心自身的生育能力，他们在文化中所创造的数百个繁育之神也证实了这一点。例如，在罗马神话中，许多有关生育的迷信行为起源于维纳斯（丘比特的母亲）。事实上，许多关于生育的迷信行为一直持续到今天，最有名的可能就是在新婚夫妇身上撒大米——这是生育的象征。

然而，与古罗马人不同，如今，我们更了解如何帮助夫妇应对不孕症。即便如此，在 21 世纪仍有许多夫妇难以怀孕。不孕症概率的估测数值因人们对“不孕症”的定义不同而相差甚远。研究将夫妇停止“尝试治疗的时间”划分为一至七年。这些研究表明，许多与不孕症做过一段时间斗争的夫妇最终都有了孩子。因此，不孕症的大部分定义都包含这一概念，即现在受孕困难但依然有可能受孕的夫妇。世界上约有 10% 的夫妇需要应对原发不孕（即从未受孕）或者继发不孕（即曾经有孕以后又不孕）。

生育对许多现代夫妇来说一直是一个挑战，尽管维纳斯掌管生育能力早已被视作神话信仰，新的迷信行为也相继出现。例如，育儿专家伊尔克（Ilg）和埃姆斯（Ames）发现，当不孕夫妇心灰意冷，打算领养孩子时，经常会发生这样的事："当夫妇还处于合法领养等待期时……他们就怀上了自己的孩子。"在这样的背景下，人们通常会将领养和之后的怀孕联系起来。事实上，早在 1936 年，一篇发表在《优生新闻》（*Eugenical News*）上的文章就提到了这两件事之间的联系。作者珀金斯（Perkins）断言："领养一个孩子有时——甚至往往——可以帮助无子的夫妇战胜不孕症，事实上，这一大众观点似乎是有一定依据的。"因此，珀金斯建议夫妇通过领养孩子以提高他们自然受孕的概率。

珀金斯的这句话表明，领养可以提高受孕概率的观念由来已久，这一观念如今依然很普遍。在我们的调查中，30% 的学生和 36% 的父母赞成这一观点，即"患不孕症的夫妇在领养孩子后会提高怀孕的概率"。这一观念在现代媒体领域也很常见，而且意外怀孕可以提高电视节目收视率。在电视剧《后中之王》（*King of Queens*）中，卡丽和道格有生育问题，在大结局中，他们领养了一个女儿。当道格在旅馆房间里抱着这个新生婴儿时，卡丽告诉他自己怀孕了。"这样的事经常发生：当一对夫妇觉得他们不可能怀孕的时候，他们就不再尝试，然后他们领养了一个孩子……”，后来他们就怀孕了。电视剧《欲望都市》中也有类似的故事情节。在第四季中，夏洛特的婚姻终结，部分原因是因为他们夫妇有生育困难，在最后一季中，夏洛特再婚，虽然接受了生育治疗，但是并不成功。在最后一集中，他们决定领养一个孩子。电影《欲望都市》续写了夏洛特夫妇领养一个女儿后的故事。夏洛特看完医生后对卡丽说：“人们常说，当你停止尝试的时候，你就会如愿以偿，我的医生说，她认识很多夫妇在领养孩子后就怀孕了……卡丽，我怀孕了！”

许多著作曾试图解释领养可能增加受孕概率的原因。一些人认为，领养本身代表了“放弃”，这消除了夫妇因受孕不成功而背负的压力。因此，心理问题被认为是导致部分夫妇不孕的罪魁祸首。尤其是精神分析心理学家，他们提出了许多造成不孕的心理机制，比如，女性的潜意识反对母亲的身份，或者她无意识地选择了一位不孕的男性。克里斯蒂（Christie）描述了三个案例，并指出“当女性能更好地应对自己的负面情绪，更客观地看待因纠结要不要孩子所产生的强烈情感时”，不孕症的难题迎刃而解，她接着将不孕比作“传说中的俄狄浦斯——他的父母企图将其扼杀在襁褓中”。

其他可能的原因还包括：敌视自己的母亲和伴侣的母亲；担心未来的子女敌视自己；在潜意识中希望自己没有孩子；未能从之前的创伤中走出来。克里斯蒂认为，心理分析对于治疗心理因素导致的不孕症至关重要，但是其他心理动力治疗师认为，领养孩子可能有助于解决这一内心冲突。这些论断都包含这样一个心理动力悖论："如果我想要一个孩子，就必须停止这一想法。"领养孩子意味着这对夫妇已经放弃受孕，这为一次成功的受孕打开了大门——或者说，理论上就是这样。

最近几年，关于领养和受孕潜在联系的调查少之又少；但是，20 多年前，托马斯·吉洛维奇（Thomas Gilovich）已经在他的著作《理性犯的错：日常生活中的 6 大思维谬误》（*How We Know What Isn't So: The Fallibility of Human Reason in Everyday Life*）中揭示了"领养导致受孕"这一迷思。曾经有一段时间，研究者们对领养和受孕之间的关系非常感兴趣。1965 年，一项研究调查了 362 对与不孕症做斗争的夫妇，结果表明，有 23% 的夫妇在领养孩子后怀孕。这一比例看起来似乎很高，直到你发现对照组（没有领养孩子的不孕夫妇）怀孕的概率更大（当时是 35%）。一项相似的研究调查了 522 对夫妇，其中有 20% 的夫妇在领养孩子后怀孕，但还有 66% 的夫妇没有领养孩子，后来也怀孕了。一项规模更大的研究调查了 895 对夫妇，发现领养组怀孕的概率是 32%，未领养组怀孕的概率是 42%。显然，领养孩子并不会提高受孕的概率。

事实上，这些结果可能会使你得出相反的假设：领养孩子会降低怀孕的概率。不过，我们仍然需要警惕这种解读。这些研究的不足之处在于，调查不能决定任何一对夫妇是否领养了孩子。也就是说，调查者无法在这些研究中做到随机分配，因此解读不同组别之间存在差异的原因本身并不合理。选择领养孩子的夫妇和选择不领养的夫妇之间很有可能确实存在一些差别。比如，一些选择领养孩子的夫妇可能减少了尝试怀孕的时间，因此降低了他们受孕的可能性。

这一观念能被广为传播或许是因为一些心理学迷思之源，比如口耳相传、选择性感知、媒体误导性的刻画，以及“后发者因之而发”的推理。我们大部分人都听过某人领养孩子后怀孕的故事。调查显示，一些认为自己不孕的夫妇后来的确怀孕了。问题是，还有许多夫妇，不论领养多少孩子，始终没有怀孕。相比领养孩子后怀孕的夫妇，我们很少听说自始至终都未怀孕的夫妇，毕竟意外怀孕是更有趣的谈资。关于之前提到的媒体案例，这些电视节目的问题并不在于夫妇领养孩子后怀孕了，因为这种情况确实存在。问题在于，这些节目暗示领养孩子和怀孕有直接关联，然而研究清楚表明，领养孩子并不会增加自然受孕的可能性。

领养本身也是帮助家庭发展壮大的好方法。尽管如此，领养孩子会以某种方式使夫妇自然受孕这一想法着实欠妥。一对夫妇很可能因为这一错误观念匆忙做出领养孩子的重要决定，如果这对夫妇接下来没有如愿怀孕，那么这甚至会为孩子招来怨恨。所有夫妇都可以考虑领养孩子，但是领养孩子可以有很多更好的理由，而不是因为一个关于生育的迷思。

怀孕是一个复杂而又充满奇迹的过程，其中有许多潜在的阻碍。美国生殖医学会（ASRM）出版了《不孕不育：概览》

（*Infertility: An Overview*），这本免费手册概述了可能出现的并发症，以及许多应对不孕不育症挑战的治疗方案。正如这本手册所写，第一步是进行不孕不育评估。对于男性伴侣来说，精液分析可以提供精子质量信息。对于女性伴侣来说，这份评估会考虑排卵（如卵巢是否释放出成熟的卵子）、输卵管功能（如输卵管是否通畅）、腹膜状态（如瘢痕组织是否影响内脏）等因素。此外，年龄也会影响对评估的解读，因为生育能力在 35 岁左右开始大幅下降。最后，约有 10% 的夫妇不能确定不孕不育的原因。当诊疗过程中出现复杂因素甚至无法查明不孕不育原因时，仍有许多种治疗方案。具体来说，男性和女性都可接受药物治疗和外科手术。辅助生殖技术也可以提供其他治疗方案，如体外受精（即在实验室器皿上结合精子和卵子）、捐赠（即捐赠卵子、精子或受精卵），或是代孕（即由其他女人完成怀胎分娩）。

一些有价值的书籍也详述了在精神层面应对不孕不育挑战的最佳方法。《不孕生存指南》（*When You're Not Expecting: An Infertility Survival Guide*）提供了女性视角，《如何用塑料杯做爱：男性不育世界指南》（*How to Make Love to a Plastic Cup: A Guy's Guide to the World of Infertility*）则提供了男性视角。需要澄清的是，正如一些心理动力治疗师所说，这些自助式情绪应对策略的目的不是为了提高自然受孕的概率。此外，一些不孕不育案例的起因是可预防的性传播感染（STIs），因此许多关于性传播感染的预防措施能够帮助避免生育问题。

▼ 迷思 3 可通过孕妇的身体形态预测胎儿的性别

当得知怀孕的那一刻，准父母往往是非常激动的，无论他们是在期待着第一个孩子的降临，还是在盼望为他们的家庭增添一名新成员。在这段特殊的时期里，需要优先考虑许多事情，其中一个就是，儿童房需要刷成哪种颜色？这一决定需要认真考虑，因为许多父母会先预测宝宝的性别，再装修儿童房。朋友和家人往往会来凑热闹，运用各种方法预测宝宝的性别。

戈德法布（Goldfarb）调查发现，有 32 种据说可以预测胎儿性别的方法。比如，有些方法认为，可以根据孕妇的脸型和身形预测胎儿性别。具体来说，“如果孕妇的脸变得更漂亮或更容光焕发，怀的就是个男孩；如果脸没有变化或者变得丑陋浮肿，怀的就是个女孩；如果母亲的孕肚偏上或者前凸，怀的就是个男孩；如果孕肚偏下或者平坦，怀的就是个女孩”。《男孩还是女孩：50 种有趣的查证方法》(*Boy or Girl: 50 Fun Ways to Find Out*）这本书也提到过，如果孕妇脸庞更丰满，腰围更粗，臀部更肥大，那么孩子更可能是女孩（对于孕妇的这些变化，好朋友则可能会机智地安慰说：“我觉得你怀的是男孩”)。此外，据说如果孕肚像西瓜，则预示怀的是女孩；如果孕肚像篮球，则预示怀的是男孩，如果孕肚偏上，则预示怀的是女孩；如果孕肚偏下，则预示怀的是男孩。还有一种“钟摆测试”，即将一件物品（通常是结婚戒指）绑在一根线（或者母亲的头发）上，然后放在孕肚上，物品的运动方向会预示怀的是女孩（转圈）还是男孩（左右摆动）。

这些预测方法很有意思，但是人们真的相信它们能准确预测胎儿性别吗？一项研究调查了 104 位孕妇，她们并不知道肚子里用孩子的性别，结果发现 30% 的女性根据自己肚子的形状预测宝宝的性别。这些女人中，79% 的人至少是“有些确信”自己的预测。有趣的是，14% 的参与者利用梦境预测孩子的性别，她们对此信心十足，约有一半的人至少是“有些确信”自己的预测。在我们的调查中，31% 的学生和 20% 的父母赞成这一观点，即“孕肚的形状是帮助医生预测胎儿性别的因素之一”。

现代媒体中有很多印证这一观点的例子。比如，在电视剧《蛋糕店老板》（*Cake Boss*）中，巴迪的姐妹们就利用了其中两个方法预测其妻子丽萨腹中孩子的性别。其中一个姐妹在和巴迪妻子聊天时说，她能预测宝宝的性别，“答案在你的脸上——因为他们说女孩会偷走妈妈的美，丽莎，你还是那么美，所以我认为你怀的是个男孩”。然后，另一个姐妹通过钟摆测试得出了同样的结论。同样，美国女演员凯特·哈德森（Kate Hudson）曾在电视节目《今日秀》（*Today Show*）上接受了马特·劳尔（Matt Lauer）的采访，她在节目中介绍了几种用来预测胎儿性别的方法，她通过这些方法得出结论——她即将出生的孩子一定是个女孩。其判断的依据就包括她孕肚的形状和钟摆测试。再来说说 2013 年的夏天，英国君主制的命运即将迎来几十年来的首次变化。威廉王子和凯特王妃会生一位小王子还是一位小公主呢？他们的孩子会成为英国未来的国王吗？在 CNN 的一篇新闻报道中，生殖生物学家菲奥娜·马修斯（Fiona Mathews）博士预测，这对皇室夫妇生女孩的可能性更大，凯特的腰形就是原因之一。

在上述三个案例中，预测结果都是女宝宝，但实际上，这几对父母都迎来了男宝宝。具体来说，丽萨在情人节生下了卡洛；凯特·赫德森生下了宾厄姆；凯特王妃生下了乔治·亚历山大·路易斯（George Alexander Lewis）——英国未来的国王！

事实上，我们并不需要依靠这些故事案例证明我们的观点，因为研究者们已经检测过预测宝宝性别的流行方法是否有效。比如，佩里（Perry）和同事们发现，使用这些方法的孕妇在预测宝宝性别方面的准确率并不比丢硬币高。此外，将孕肚的形状分为不同类别相当不可靠，因为孕妇和旁人会在这方面存在相当大的分歧。然而，最有趣的是，参与者对孕肚形状寓意的理解经常是相互矛盾的。换句话说，许多参与者认为，孕肚偏上是男孩的标志，但是其他几个参与者则认为这是女孩的标志。最后，孕妇对自己预测性别的信心与婴儿的实际性别之间没有任何关系。事实上，孕肚形状被证明是最不靠谱的预测指标之一。关于体重普遍增加的问题，另外一项研究调查了 304 名孕妇，结果发现无论宝宝性别为何，孕妇增加的体重都是差不多的。考虑到每种方法都约有 50% 的正确性，其他预测性别的民间传说并不比随机猜测的准确率高。

许多心理学迷思之源促使性别预测迷思不断蔓延。流行文化中的案例已经印证，口耳相传和误导性的媒体刻画是这一迷思蔓延的两种途径。此外，人们总是记得预测准确的时候，却不记得预测不准的时候（即选择性感知和记忆）。最后，如果以代表性来进行推理论证，那么其中一些迷思似乎合理，因为当两种事物在某种程度上相似时，人们便会寻找其中的意义。比如，西瓜是甜的，所以西瓜的形状代表女孩；篮球的形状则可能会让人们想到健康活泼的男宝宝。这种错误的联系由来已久，我们只是在如实记录，如果你认为这是性别歧视，请不要责怪我们。

相信性别预测真的有害吗？这需要视情况而定。如果亲朋好友在准妈妈的派对上使用这些方法仅仅是为了好玩，不会根据孕妇肚子的形状（或者基于钟摆摇摆的方向）做出重要决定，那么这些迷思就不会真的造成危害。另一方面，纵观历史，甚至是在现代的某些文化中，性别预测与选择性堕胎等重大问题存在着关联。

性别预测的民间土方比现代技术早了几百年，这些方法在民间的普及度很高，因为那个时候的夫妇更想知道宝宝的性别。在许多文化中，人们因经济和宗教因素而重男轻女。举个例子，在农业社会中，人们认为男孩更有能力从事家庭所需的体力劳动，父母可以依靠儿子养老，因此儿子拥有神圣的地位，女儿则恰恰相反。

即使是在今天的西方社会，一些人更偏爱儿子，尤其是长子。例如，戈德法布调查了美国大学生对第一胎和第二胎孩子性别的偏好。在这项研究中，64% 的人更希望第一胎是个男孩，而且男性的这种偏好更强烈。戈德法布的研究述评表明，美国人对长子的偏爱在几十年来一直相对稳定。2011 年，一项针对美国人的盖洛普民意测试得出了相似的结论。当被问及如果他们只能生一个孩子，他们更愿意生男孩还是女孩时，40% 的人更喜欢男孩，28% 的人更喜欢女孩，26% 的人没有偏好。尽管如此，与戈德法布所得的结论相似的是，男性对儿子的偏好更强烈（49% 的男性更喜欢男孩，22% 的男性更喜欢女孩）；对于更想要男孩还是女孩，女性的看法则基本持平。通过梳理先前的盖洛普民意测试，我们发现近些年的测试结果与 70 年前的结果几乎相同。

重男轻女通常会导致选择性堕胎，引来不少麻烦。在《从古代世界到文艺复兴时期的避孕和堕胎》（*Contraception and Abortion from the Ancient World to the Renaissance*）这本书中，约翰·里德尔（John Riddle）提供了详细的证据证明，纵观历史，至少早在古埃及时期，人类已经探索出并实际应用了有效的堕胎方法。有文献详细记载了残忍杀死新生女婴的案例，并且这种现象曾出现在多个文化中，这进一步印证了选择性堕胎。

超声波技术的问世似乎加剧了选择性堕胎问题，导致男女比例失调。在印度，这个问题非常普遍，以至于印度政府不得不在 1994 年通过了《产前诊断技术法》（*Prenatal Diagnostic Techniques Act*），规定单纯为识别胎儿性别使用超声波等现代技术是严格禁止的，因为担心这一行为会导致选择性堕胎。

显然，和不靠谱的性别预测迷思一样，靠谱的现代技术也会被误用。不过，在大多数现代社会中，性别预测迷思往往不会造成很大的伤害。如今威廉王子的孩子是男是女已经没有当初那么意义重大，但是对英国未来的王位仍有不容小觑的影响。

既然技术含量很低的民间土方在预测孩子性别方面并不准确，那么什么才是准确的呢？答案是，科学研究的把握性更高。也就是说，在妊娠中期或妊娠晚期使用超声波技术预测胎儿性别准确率非常高。超声波可以为 90% 左右的病例提供结论性预测，当时这些预测的准确率为 97%。还有一种高科技方法在预测胎儿性别方面的准确率也非常高，即对母亲的血浆进行 DNA 分析。尽管如此，从统计数据中可以清楚地看出，即使是高科技方法有时也会出错。接下来的迷思使性别预测变得更加复杂。

▼ 迷思 4
所有男孩都有一条 Y 染色体（女孩则没有）

“你怀的是男孩还是女孩啊？”当我们发现某个人怀孕了，这常常是我们要问的第一个问题。尽管有些父母选择在怀孕时就提前获悉宝宝的性别，但还有些父母更喜欢等待孩子出生时带来的那份惊喜。人们在思考宝宝的性别时，推测的结果无非就是男孩或女孩。医生和护士通常会迅速让父母看到能证明宝宝性别的证据。宝宝的性别得到迅速宣布后，就可登记在出生证明上，家人们以此为依据选择相匹配的庆祝雪茄、氦气球和草坪标牌。

新手父母并不太关心性别背后的基因，但是每一本关于儿童成长的书籍都会告诉读者，女孩有两条 X 染色体（即女孩是 XX），男孩有一条 Y 染色体和一条 X 染色体（即男孩是 XY）。母亲的卵子提供一条 X 染色体，父亲的精子提供一条 X 染色体或一条 Y 染色体。这两条染色体被称为性染色体，人类共有 23 对染色体，它们是其中的一对（另外 22 对染色体被称为常染色体）。

性染色体影响人的多个特征（包括许多与性别无关的特征），但是它们的主要职责之一是帮助确定宝宝是男孩还是女孩。原始的性腺尚无雌雄之分，Y 染色体性别决定区域（SRY）致使性腺在胚胎期分化为睾丸。不含 SRY，性腺就会分化为卵巢。在胎儿期（大约第三个月），睾丸分泌激素促使阴茎生长。阴道分化则不需要睾丸分泌的激素。

这一过程在每本关于儿童成长的书籍中都有被提及，相信很多人都对宝宝性别背后的染色体有所了解。在我们的研究中，82% 的学生和 79% 的家长同意“所有女孩的性染色体都是 XX，所有男孩的性染色体都是 XY”这一说法。然而，如果事情就这么简单，那么这个话题就不会成为本书中的一个迷思。

真相要复杂得多。一开始，医生也不太确定宝宝是男孩还是女孩。乍看之下，宝宝的身体上只有一个可以寻找答案的好地方，但有时这个地方也不能给出明确的结论。有时，医生可能认为他们是知道宝宝性别的，但是他们错了。在这种情况下，即使进行了所有的基因测试，也无法轻松得出宝宝是男孩还是女孩的结论，至少这两个类别并不是大多数人理解的那样。这些都是性别不明的案例。一些研究表明，性别不明的发病率约占活产儿的 1%（或更多)。这个比例看起来似乎只占一小部分，但以目前世界人口来计算，1% 相对应的是约 7000 万人。

在《XX 与 XY：中性与两性迷思》(*Between XX and XY: Intersexuality and the Myth of the Two Sexes*)一书中，作者杰拉尔德·N. 卡拉汉(Gerald N. Callahan)彻底推翻了“女孩从未拥有 Y 染色体，男孩总是有一条 Y 染色体”这一观点。所有人都至少有一条 X 染色体，但是当涉及其他性染色体时，有很多种可能的情况。其中一些情况曾被称为“两性畸形”(hermaphroditism)或“雌雄同体”，这起源于希腊神话，是赫耳墨斯(Hermes)和阿佛洛狄忒(Aphrodite)之子——赫尔玛弗洛狄托斯(Hermaphroditus)，与水泽仙女的合体。然而，这个词现在已经过时了，甚至有些人对这个词很反感。

20 世纪 90 年代，人们提出以“雌雄间体”(intersex)的说法来替代之前的说法，尽管很多人认为“雌雄间体”这个词有误导性，因为它表明有第三种人介于男性和女性之间。21 世纪初，国际专家组在一场会议中达成共识，建议使用“性发育异常”(disorders of sexual development，DSDs)这一名称，此术语后来被医学界广泛使用。共识声明还提出了一个分类法，即按照患者的染色体核型分为三大类：(i)性染色体异常型 DSDs；(ii)46，XX DSDs；(iii)46，XY DSDs。

值得称道的是，大多数有关儿童成长的教科书都有关于性染色体异常型 DSDs 的案例。为了进一步了解性染色体异常型 DSDs，你需要知道普通女性的两条 X 染色体通常被标记为“46，XX”，其中“46”代表大多数人有 23 对染色体，而“XX”代表两条性染色体。然而，患有特纳综合征（Turner syndrome）的女性只有一条性染色体，而不是正常情况下的两条 X 染色体。因此，她们被标记为“45，XO”——“O”和“45”都代表了这些女性没有第二条性染色体的事实。患有特纳综合征的年轻女性与其他女性的发育方式相同，但是她们没有卵巢，只有条索状性腺（streak gonads），它不像卵巢那样可以分泌激素。这一问题会在青春期时完全凸显出来，因为第二性征没有如期出现。一些文学作品也对这种染色体 DSD 有所描述，小说《条件》（*The Condition*）中的主人公就患有特纳综合征。

特纳综合征患者是少了一条性染色体，而克兰费尔特综合征（Klinefelter’s syndrome）患者则是多了至少一条性染色体。首次发现克兰费尔特综合征时，它是指多了一条 X 染色体的雄性被标记为“47，XXY”。自此以后，其他变体也均被发现，包括“48，XXXY”和“48，XXYY”。在这些所有变体中，患者至少有一条 Y 染色体和两条 X 染色体。克兰费尔特综合征通常不会被注意到，直到成年男性因为不能生育而接受生育能力检测后才能被发现。患有克兰费尔特综合征的男性往往身材较高，而且不育。这些特征导致一些人猜测乔治·华盛顿（George Washington）总统可能患有克兰费尔特综合征。

到目前为止，我们心中关于性染色体的信念开始动摇，你现在也已经看到，男性可以拥有不止一条 Y 染色体。但是如果我们就说到这里，你可能仍然相信女孩永远不会有 Y 染色体。事实上，有关儿童成长的教科书很少提及这一迷思。要想揭开这一迷思，需要了解双受精的可能性。

令人惊讶的是，有时一个卵子可以有两个细胞核。两个不同的精子使这个卵子受精。在这种情况下，一个受精卵就具有了两组不同的遗传物质。因此，身体中的一些细胞（如分化成左眼的细胞）具有一组基因，而体内的其他细胞（如分化成右眼的细胞）具有另外一组不同的基因。这类人的体内有两组遗传物质。你现在真正需要知道的是，在双受精中，可能一个精子携带一条 X 染色体，另一个精子携带一条 Y 染色体。因此，此人体内的一些细胞是 XX，还有一些细胞是 XY，这类人将被标记为"46，XX/46，XY"（斜线表示他们身体内的一些细胞拥有不同的性染色体）。这种镶嵌现象（mosaicism）的其他变体包括"45，XO/46，XX"或"45，XO/47，XXY"，仅举几个（罕见）可能性。

拥有这种混合基因的人可能具有典型的男性外表或典型的女性外表，但是他们也很可能同时具有男性和女性的性征，如一个睾丸和一个卵巢。或许他们有两个卵睾体，里面包含两种类型的组织。同样，他们除阴道和乳房外，也许还有阴茎。可能的结果还有很多。

当两个受精卵合成一个时，可能产生同类型的性染色体 DSD。也就是说，通常情况下当两个不同的卵子被两个不同的精子受精时，会产生异卵双胞胎（也被称为非同卵双胞胎），但是有时候这两个受精卵会合并在一起，并发育成一个拥有两组不同遗传物质的人。与前面提到的镶嵌现象类似，有可能其中一个受精卵是“46，XX”，另一个是“46，XY”；因此，这种人将被标记为“46，XX/46XY”。还有很多其他的可能性。这种类型的镶嵌现象有时被称为“嵌合性”（chimerism），但是这个词有着跟“雌雄同体”一样的弊端——都能使人联想起奇怪的神话生物。

到目前为止，我们只揭示了三大类 DSD 中的一类。第二类包括“46，XX DSDs”。这一类别中的人有两条 X 染色体，你可能猜想这个人有着女性的外表。有时在精子发育期间，即使这个人没有 Y 染色体，其中一条 X 染色体上也可以有 SRY。如果这个精子使一个卵子受精，那么生出来的孩子将会是性发育异常患者，不仅拥有两条 X 染色体，而且其中一条 X 染色体还包括 SRY。正是 SRY 开启了受精卵分化成 XX 男性（没有 Y 染色体）的过程。

此时，你可能会认为一个人的性别特征只是由 SRY 决定的。然而，在先天性肾上腺皮质增生症（congenital adrenal hyperplasia）的案例中，患者的基因组成不包含 SRY。先天性肾上腺皮质增生症属于“46，XX DSD”类别，是一种基因突变的结果。在胎儿发育早期，基因突变导致生殖器男性化，包括阴蒂增大和阴茎出现。这会导致在为此人填写出生证明中的“性别”一栏时变得棘手。

分类法中的第三类包括“46，XY DSDs”。此类别中的人有一条 Y 染色体，因此你可能猜想他们是男性，但是有时他们有着明显的女性特征。在精子发育期间，如果携带 Y 染色体的精子莫名其妙地丢失了 SRY，那么此人通常会长成卵巢发育不良的 XY 女性。

在另一种“46，XY DSD”的案例中，完全性雄激素不敏感综合征（complete androgen insensitivity syndrome）患者的 X 染色体上有一个阻碍身体使用雄激素的基因，致使患者发育成女性。由于无法使用雄激素，睾酮也被转化为雌激素，因此这类人通常非常女性化。另一方面，部分性雄激素不敏感综合征（partial androgen insensitivity syndrome）患者将发育为男性身体特征更明显的女性（如具有更强壮的肌肉）。纪录片《兰花：我莽撞的双性经历》（*Orchids: My Intersex Adventure*）讲述了菲比·哈特（Phoebe Hart）发现自己患有雄激素不敏感综合征的经历。

这里讨论的最后一种“46，XY DSD”被称为 5-α 还原酶缺乏症（5-alpha reductase deficiency）。它类似于雄激素不敏感综合征，因为宝宝出生时外表类似女婴。此类女性会有睾丸，但睾丸不会下降，因此它们会一直待在卵巢通常所在的位置。此外，那个看起来像阴道的地方实际上是一个没有任何功能的洞眼儿。通常情况下，有这种 DSD 的人在整个童年时期都表现为女孩。到了青春期后，一股新的激素使（曾经被认为是的）阴蒂变为阴茎。青春期的其他变化还包括肌肉生长和更低沉的嗓音。简而言之，个体先前明显是个女孩，后来变成了男人。在荣获 2003 年普利策文学奖的小说《中性人》（*Middlesex*）中，主人公就有 5-α 还原酶缺乏症。

值得注意的是，常染色体上的基因实际上也会影响性发育（这些常染色体就是另外 22 对染色体）。也就是说，性染色体并不是影响性发育的唯一染色体。因此，除了我们在本章中介绍的内容之外，性发育可能有多种变异的方式。我们也没有足够的篇幅来讨论大脑发育是如何受激素影响的。总之，虽然人的生殖器存在很多变异的可能，但是大脑的性别特征也会发生许多变异。

相信 Y 染色体迷思是常见的思维错误，这也被称为过度依赖代表性启发法。启发法通常是有效的经验法则，通过将事物分类帮助我们理解复杂的世界。一般情况下，这种分类非常实用，但是我们已经习惯于思考不同类别的事物，以至于很容易忘记不是世界上的所有事物都符合这些类别。

如果不能明确孩子的性别，医生和父母就必须做出一些艰难的决定。例如，在上述的一些情况下，为宝宝指定性别（即宣布宝宝是男孩还是女孩）可能非常具有挑战性。此外，他们还要决定是否对宝宝的生殖器进行手术，使其看起来更像正常的男性或女性。这可能是一个很艰难的决定，部分原因是因为许多患有 DSD 的成年人表示，医生急于推荐不可逆转的外科手术，这些外科手术有可能抑制他们以后的性功能和性生活满意度。

关于性别分类的最后一个问题涉及规则、法规和法律。大多数运动都会区分性别，但是对于 DSD 患者来说，情况可能会变得复杂。例如，2012 年奥运会上的南非赛跑选手、银牌获得者卡斯特尔·塞门亚（Caster Semenya）一直以来都因为性别鉴定而饱受争议。尽管结果尚未公开，但一些人表明，卡斯特患有DSD，这使得她是否有资格作为女性参与竞赛变得复杂，而有些人甚至推测，她是为了逃避更多的争议而故意错失2012年奥运会的金牌。同样，政府为了方便记录，经常要求将公民划分为男性或者女性。2013年，德国成为第一个在法律上允许父母在其孩子的出生证明上选择“未确定”或“未说明”的欧洲国家。因此，虽然传统的性别概念仍然面临许多挑战，但深入了解这一迷思则可以切实改变父母、子女和DSD成年患者现有的选择。

你需要知道的

为了回应人们对早期性别指定问题的关注，《关于雌雄间体异常管控的共识声明》（*Consensus Statement on Management of Intersex Disorders*）提供了以下指导原则：

1. 在专家对新生儿进行评估之前，必须避免指定性别；
2. 评估和长期管理必须在一个有着丰富经验的多学科专家组的中心进行；
3. 所有人都应接受指定的性别；
4. 与患者和家属进行坦诚交流至关重要，应鼓励他们参与决策；
5. 在处理问题的同时，还要回应患者和家属的担心，并严格保密信息。

这些指导原则是以坦诚沟通为主要目的进行编写的。

以前，许多医生没有向家长解释过什么是 DSD，甚至在给孩子动手术之前也完全没有向家长解释过为什么要做手术。同样，父母通常也不会向孩子说明什么是 DSD，或者干脆只是给个大概的解释。虽然一些成年人可能永远不会发现他们患有 DSD，但 DSD 通常会潜伏到成年。即便如此，医生能够发现 DSD 的平均年龄大约为 6.5 岁，并且在孩子进入青春期之前，医生能发现超过 60% 的 DSD。家长和孩子经常因为不知道 DSD 而饱受困扰，因此当务之急是要坦诚沟通。

▼ 迷思 5
亲密育儿法有助于加强母婴关系

你可能没有听说过“亲密育儿法”（attachment parenting）这种说法，但大多数父母都或多或少接触过它。例如，威廉 · 西尔斯（William Sears）博士及其合著者（恰好是其家庭成员）撰写的《西尔斯亲密育儿百科》（*The Baby Book*）介绍了亲密育儿法，并且这本书的前言中还宣称此书被数百万父母奉为“育儿《圣经》”。这似乎是一个合理的表述，因为它是有史以来最畅销的育儿书籍之一，已售出超过 100 万册。亲密育儿法也得到了名人的支持，比如曾出演过《生活大爆炸》（*The Big Bang Theory*）等影视作品的美国女演员马伊姆 · 比亚利克（Mayim Bialik）就曾写过一本书，内容是关于她在亲密育儿法方面的经验。在这本书的引言中，杰伊·戈尔丹（Jay Gordan）博士表示，比亚利克的亲密育儿法“将向你们示范如何成为优秀的父母”。

西尔斯博士和他的合著者声称，亲密育儿法是“使父母与孩子相互适应并感觉舒适的最佳途径”。亲密育儿法内容广泛，有几个亮点尤为值得注意。特别是亲密育儿法所倡导的一些主要观点，包括及早与宝宝建立亲密关系、延长母乳喂养，以及亲子同床睡的重要性。这是一个很大的话题，因此我们将每个部分的讨论分成几个小节，这意味着你将在一个迷思中学到三个迷思——也就是说，有两个迷思是免费赠送给你的！

出生后两个小时内立即建立亲密关系的重要性

亲密育儿法强调及早与宝宝建立亲密关系，这起源于动物学家康拉德·洛伦茨（Konrad Lorenz）的著作，他以研究印刻效应而闻名。这是指，新生小鹅开始跟随它们看到的第一个移动物体——通常是它们的母亲。然而，有些小鹅看到的第一个移动的物体是洛伦茨，于是它们就跟着他走了。洛伦茨还研究了可能发生印刻效应的时间段，并发现小鹅只在孵化的第一天左右进行印刻学习。也就是说，如果小鹅在那个关键时期没有看到“母亲”，它们就不会产生印刻效应。鉴于这一发现，其他研究人员开始在人类身上寻找类似的关键期。

克劳斯（Klaus）和肯奈尔（Kennell）认为，他们在人类新生儿身上发现了类似的关键期，尽管他们更愿意使用“敏感期”（sensitive period）这一术语。克劳斯和肯奈尔暗示：“有强有力的证据表明，我们应该为父母和婴儿提供至少 30~60 分钟的时间进行早期私密接触，以加强亲密联系。”肯奈尔甚至认为，出生后未能立即建立亲密关系最终会导致虐待儿童或其他“育儿障碍”。他们以其初步研究为基础总结出了理论——尽管他们的研究方法存在严重的缺陷，比如样本容量太小。

克劳斯和肯奈尔在发表了他们的原创性研究后不久，其他研究未能发现在宝宝出生后立即与其建立亲密关系有何益处。例如，施韦达（Svejda）等人将与宝宝进行更多早期接触的母亲和对照组中没有进行更多早期接触的母亲做了对比，发现两组母子在 28 种亲密行为中没有展现出任何差异。尽管证据不足，这一迷思似乎很受大众欢迎。我们发现，83% 的学生和 82% 的父母赞同“在出生后大约一小时内，宝宝需要与母亲建立联系，以便在以后的日子里，母子之间更加亲密”。

戈德堡（Goldberg）认为，许多医院根据克劳斯和肯奈尔的研究结果改变了它们的做法。我们同意这是一个很好的改变，可以说戈德堡对克劳斯和肯奈尔的研究成果的总结和批判都很到位。以前，分娩被视为疾病的终结，后来分娩被认为是一种健康有益的经历，部分原因是受克劳斯和肯奈尔研究成果的影响。然而，戈德堡补充说道：“这些变化背后的思想和作品普及度很高，往往会导致人们错误地认为，出生后的前几个小时对于建立亲子关系至关重要……”如果父母不能立即与新生儿接触，他们之间的关系就会受损。

然而，西尔斯等人则认为“后期也能弥补亲子关系”，他们还“相信在这个生物敏感期建立关系确实会给母婴关系开个好头”。此外，西尔斯等人还建议“婴儿和父母最初的相处方式通常为早期亲密关系的发展定下基调”。母婴尽早接触似乎是一个合理的目标，但是，如果是因为看病或者其他原因，父母在婴儿出生数小时后不得不与其分离，父母也无须为他们未来的亲子关系感到忧心。

延长母乳喂养长达七年的意义

有证据表明，母乳喂养对宝宝有益，应尽可能鼓励母乳喂养。美国儿科学会考虑到母乳喂养的几个好处，建议在宝宝出生后的前六个月内进行纯母乳喂养，然后继续母乳喂养至少一年。世界卫生组织也考虑到了第三世界国家的婴儿，建议母乳喂养两年或更长时间。尽管如此，“宝宝自主进食”（child-led weaning）的理念会让亲密育儿法持续的时间更久。

宝宝自主进食会导致断奶持续数年。例如，西尔斯等人提出，有些孩子需要长达三年半的哺乳期。在另一本介绍亲密育儿法的书中，格兰宇（Granju）和肯尼迪（Kennedy）认为，母乳喂养应该持续至少两年半，但是考虑到其他文化中儿童的断奶习惯以及其他灵长类动物的断奶习惯，他们认为母乳喂养长达七年是再自然不过的事了。2012 年 5 月出版的《时代》（*Time*）杂志封面激起了争议：

一个母亲在给她三岁的儿子喂奶。

女演员马伊姆·比亚利克母乳喂养她的儿子大约四年，据说她利用哺乳来安抚脾气发作的孩子。另一位提倡亲密育儿法的名人是歌手兼词曲作家艾拉妮丝·莫莉塞特（Alanis Morissette），她在接受 ABC 新闻采访时表示，她准备母乳喂养六年。这些名人的例子可能代表了极端的亲密育儿法，但是可以看出母亲们非常害怕过早给孩子断奶，因为西尔斯等人说过："安心享受父母关爱的宝宝（没有提早断奶）以后会更独立，更容易与妈妈分开，坦然接受新的关系，而且也更容易管教。"此外，他们警告说，过早断奶可能会"造成所谓的过早断奶综合征——发怒，攻击性强，习惯性地发脾气，过分依赖看护人，无法建立更深层、更亲密的关系"。

威廉·西尔斯的建议显然非常有影响力。我们发现 39% 的学生和 52% 的家长都同意"母乳喂养超过两年有助于加强母婴关系"。

值得注意的是，多年来没有任何记录表明母乳喂养有害，西尔斯博士提倡母乳喂养，也算是为这个世界做了点好事。然而，因为夸大了研究成果和专业组织制定的时间表，他可能也干了点坏事。母乳喂养一年左右对宝宝有益，这一理念是有研究依据的；但是没有研究表明，在孩子大约一岁时结束母乳喂养会有任何伤害。事实上，大多数非母乳喂养的宝宝仍然可以与母亲建立健康的母婴关系。

鼓励亲子夜间同床睡

亲密育儿法鼓励亲子同床睡，即让宝宝在母亲和添置的护栏之间睡觉。一位亲密育儿法专家十分抵制使用婴儿床，将婴儿床称为“浪费金钱和空间的‘婴儿笼’”。真人秀电视明星考特妮·卡戴珊曾上传过一条视频博客，分享亲子同床睡的安全贴士。亲子同床睡实际上相当普遍，大约 45% 的婴儿至少半个晚上会睡在大人床上。只有少数（约为 13%）父母会让孩子经常睡在自己床上。在我们的研究中，63% 的学生和 62% 的家长同意“让宝宝睡在母亲的床上有助于宝宝安心享受父母的关爱”。

然而，亲子同床睡与美国儿科学会的建议相互矛盾。没有研究认为亲子同床睡对亲子关系很重要，还有证据表明，亲子同床睡是导致婴儿意外猝死的一个风险因素，如婴儿猝死综合征（sudden infant death syndrome，SIDS）。美国儿科学会在报告中提出了一些防止婴儿意外猝死的建议，其中最重要的是让婴儿仰卧睡觉。还有一个重要建议是，让婴儿睡在婴儿床里（包括安全的便携式婴儿床），与父母待在同一个房间但不是同一张床上（即共享房间但不共享床）。这份报告引用的研究表明，亲子同床睡有导致婴儿窒息的危险，此报告还警告读者，尤其要注意护栏（西尔斯等人的建议）和市场上声称确保亲子同床睡安全性的装置（卡戴珊的建议）。

这份报告承认，目前缺少关于连接成人床一侧的拼接床（即婴儿床）的研究，但是暗示如果这些拼接床固定在大床上的方法不正确，那么也会带来潜在的风险。总体而言，亲子同床睡的最大风险包括压迫孩子的身体，床上用品和大人的身体容易导致孩子窒息。此外，酒精或其他药物的使用会降低父母对周围环境的敏感度，这将大大增加亲子同床睡时婴儿意外窒息的风险。

虽然亲密育儿法为父母留出了选择其他睡眠方法的余地，但是提倡亲子同床睡可能会带来安全隐患。令人遗憾的是，婴儿猝死综合征又被称为“婴儿床死亡”，这使得这个称呼可能会让父母误认为婴儿床比父母的床更危险。亲密育儿法的支持者通常认为，亲子同床睡自人类物种诞生起就已经出现，而婴儿床则是一个相对较新的发展成果。事实上，这些说法都是真的，但还有一个事实：婴儿死亡率（即婴儿在出生后第一年死亡的比率）一直在稳步下降，部分原因是由于更安全的睡眠习惯。

值得一提的是，美国儿科学会的报告也引用了研究来证明亲子同床睡可以促进母乳喂养；然而，风险大于潜在的好处。对于母亲来说，将婴儿带到床上喂养，然后再将其放回婴儿床中睡觉是更安全的选择。

亲密育儿法概述

尽管亲密育儿法的主要内容存在问题，但我们发现 88% 的学生和 83% 的家长同意“亲密育儿法能加强母婴关系”。西尔斯等人强行推销亲密育儿法，声称“根据我们在过去 40 年临床儿科实践中积攒下的家庭护理经验，以及相关的研究综述，我们发现亲密育儿法可能会使孩子更聪明、更健康、更善解人意、更富有同情心、更容易管教，也更愿意与人亲近而不是沉迷于某种事物”（在书中以清单的形式列出），还列出了亲密育儿法其他 26 项具体益处。他们还补充说，《西尔斯亲密育儿百科》让“许多孩子和父母更快乐、更健康，关系更亲密”。遗憾的是，他们没有引用任何他们本应该回顾的研究来支持大部分说法，也没有针对这些说法开展自己的研究，或是开展亲密育儿法与其他育儿方式的对比研究。

许多迷思起到了推波助澜的作用。夸大真实性是心理学迷思之源之一。也就是说，上述内容都有一定的道理，因为从某种意义上来看，它们都旨在鼓励母乳喂养，而母乳喂养在任何时候都是一个很好的选择。此外，认为“某事物行之已久，因此行得通”也是一种迷思，被称为诉诸传统。这里涉及的另一个迷思是诉诸权威。威廉·西尔斯拥有医学博士学位，并售出了数百万本书。马伊姆拥有神经科学博士学位。不过，拥有博士学位并不意味着你所说的每一件事都是对的（如果你容易受到诉诸权威这一逻辑迷思的影响，那么我们在此声明，本书的两位作者也都拥有博士学位）。

在本章中，我们对亲密育儿法的三个核心内容进行了批判性研究。另一个主要内容是，睡觉时间要不要立即回应宝宝的哭声。尽管大多数父母会回应宝宝大部分的哭声信号，但有时父母也应该放心让宝宝哭泣，即使这会和亲密育儿法相互矛盾。值得注意的是，西尔斯等人建议父母应该“学习睡眠训练师”，避免使用“哭个够”的方法。事实上，我们已经决定将迷思 13 的内容定为：哭泣免疫法妨碍孩子发育。

你需要知道的

家长们可以从《海蒂育儿大百科（0~1 岁）》(*What to Expect the First Year*) 这本书中找到有用的育儿信息，这本书可指导父母在各种决定中做好平衡，包括母乳喂养、睡眠计划以及与宝宝相关的许多其他主题。虽然《西尔斯亲密育儿百科》极力推崇亲密育儿法，但《海蒂育儿大百科（0~1 岁）》陈述了父母在宝宝出生第一年所做决定的利与弊，这些决定各不相同且通常具有挑战性。

速解迷思

▼ 迷思 6
同卵双胞胎拥有相同基因

你是否还记得，本书在前言中提到我们直到最近才解开了许多迷思？嗯，这个迷思可能就是我们最新揭穿的迷思，也是一个证明科学如何继续改变我们对儿童成长看法的好例子。几乎每一本关于儿童成长的书籍都说，“异卵双胞胎”是两个不同的精子使两个不同的卵子受精，从而发育成两个不同的孩子，并且他们有着两组不同的基因。而“同卵双胞胎”是一个精子使一个卵子受精，然后该受精卵完全分裂为两个具有相同基因的独立受精卵。事实证明，“相同”一词的使用有点过于轻率，因为研究表明，同卵双胞胎的基因构成存在细微差别。

实际上，同卵双胞胎的基因变异有多个成因，我们将重点关注其中一个最新发现。最初的受精卵分裂成两个“相同”受精卵后，那些受精卵通过自我复制（以及它们所包含的 DNA）而生长。到第一周结束时，每个受精卵都有超过 100 个细胞（每个细胞含有相同的 DNA）。现在，想象你在复印一张纸……此刻你有两张相同的纸。然后，将这些纸再分别复印一次，这样你就有四张纸。继续复印每张纸，直到你有 100 多张纸。所有的纸张都是相同的吗？是的，差不多，但是考虑到复印机上的灰尘或者复印时纸张的位置，纸张之间可能会有细微的差异。这个比喻旨在帮助说明两点：第一，由于“拷贝数变异”（copy-number variations，CNVs），你体内的任何两个细胞都可能含有略微不同的遗传信息；第二，正因为如此，许多同卵双胞胎确实没有相同的 DNA。那么，是否存在拥有完全相同 DNA 的双胞胎？原则上是可能的，但关键在于你要认识到很多同卵双胞胎确实没有相同的 DNA。我们建议，从现在开始，这些单卵双胞胎应该被称为“近乎同卵双胞胎”。

▼ 迷思 7
孕妇不可能在孕期再次怀孕

大多数人都认为，孕妇不可能在孕期再次怀孕，直到她生完这个孩子。事实上，怀孕确实会导致女性身体发生变化，因此这一假设在大多数情况下都是正确的。然而，有文献记载了一些所谓“异期复孕”（superfetation）的案例，即“在怀孕开始后的某个时间，第二个卵子受精并着床，就有了两个不同孕周的胎儿”。在一个与此相关的案例中，两个胎儿（一个男性和一个女性）的受孕时间隔了大约四周，但是在同一天出生，分娩过程也很“平静”。

▼ 迷思 8
可以根据中国的农历准确预测宝宝的性别

人们常根据孕妇的出生日期和受孕日期与中国的农历相对应，预测宝宝的性别。这是为数不多的性别预测方法之一，并且可以在受孕当天使用！一些持怀疑态度的研究人员在讨论中国的农历时指出，有网站说这种方法的准确率高达 93%，他们还表示农历之所以有吸引力，部分原因在于它历史悠久。在本书最大规模的研究中，这些研究人员分析了瑞典近 300 万个新生儿的数据，发现这种方法的准确率并不比掷硬币高。

▼ 迷思 9
女宝宝的胎心率比男宝宝的高

根据佩里等人的说法，许多医疗专业人士认为女宝宝的胎心率比男宝宝的高。他们还提出："这一假设可能是基于这样一个事实，即男性胎儿的体型略大，因为体型越大，胎心率往往越低……"但是有研究结果表明，女宝宝的胎心率和男宝宝的没有显著差异。此外，该研究还证实了即使是不同性别的胎儿，心率变化也是一样的。因此，无论是中国的农历还是胎心率，都不能准确预测宝宝的性别。

▼ 迷思 10
硬膜外麻醉分娩风险高

在电影《代孕妈妈》（*Baby Mama*）中，一位医学专家向她班上的孕妇询问了以下几个问题："你们当中有多少人准备自然分娩？你们当中有多少人准备使用有毒的西药毒害你的宝宝？"在回答这些问题时，班上的每个人都准备自然分娩，除了一个女人［埃米·波勒（Amy Poehler）饰］，在此之前电影就展示了她自私的一面。同样，在电影《孕期完全指导》（*What to Expect When You're Expecting*）中，其中一位准妈妈在被问及她是否会接受硬膜外麻醉分娩时，她的回答是："我看起来像那种要毒害自己孩子的人吗？"这些言论反映了很多准父母的担忧。家庭医生哈丽雅特·霍尔（Harriet Hall）认为："自然分娩运动似乎将分娩视为一种极端运动或者一种成人礼——不仅赋予女性权力，还以某种方式提高了女性的价值。如果女性'撑不住'，需要缓解疼痛或剖宫产，那么她们往往会被瞧不起，自己也感到内疚，或至少在某种程度上感觉自己的价值减少了。"然而，研究表明女性不应该因使用硬膜外麻醉剂感到内疚。一份近期的研究综述回顾了涉及近一万名女性的 38 项研究，发现硬膜外麻醉剂与新生儿健康评分较低（使用阿普加量表）等负面结果无关。尽管硬膜外麻醉剂可能与某些副作用（例如母亲发烧）有关，但造成并发症的风险非常低。霍尔指出，即使是普鲁卡因也存在一些风险，"但是你能想象一位牙医告诉男性患者'爷们儿点'，然后在不使用任何麻醉剂的前提下进行牙根管手术吗？是因为不使用麻醉剂更安全吗？还是因为忍受痛苦就会获得力量吗？”基于这样的逻辑，我们认为这应该是女性的个人选择，但我们必须承认，当我们进入医院时，我们会直接选择硬膜外麻醉。

迷思 11 满月时婴儿出生率较高

一个热门新闻故事的副标题为“专家说，月球对宝宝周围的胚胎液有引力作用”。据说，造成涨潮的引力会导致孕妇羊水破裂。然而，一项涉及超过 50 万名新生儿的研究报告声称，月相周期与分娩之间没有关系。该研究还揭露了一个相关的错误信条，即月相周期影响分娩并发症。利林菲尔德等人也揭开了一个类似的迷思，即满月导致犯罪率上升，急诊次数增加。这种现象也被称为“月球效应”，诸如“疯子”（lunatic）和“疯人”（looney）之类的词就来自月亮（moon）的拉丁语（luna）。利林菲尔德及其同事指出，由于选择性感知和记忆，与月球效应相关的迷思仍然存在。例如，医学专家可能会注意到，当他们接生大量婴儿时，晚上会有满月。他们很容易记住满月和高出生率之间的联系。然而，他们可能不太可能注意到即使当天只有一轮新月，也会有大量婴儿降生。这个迷思不仅是选择性感知的一个例证，也提供了一个有关“错觉相关”（illusory correlation）的极好的例子，这是指一个人相信一个事件与另一个事件相关，即使它们根本没有任何联系。

▼ 迷思 12
咀嚼喂养没有已知风险

咀嚼喂养孩子的做法已经存在了数千年。女演员艾丽西亚·西尔弗斯通（Alicia Silverstone）曾发布过一个很火的视频：她把咀嚼过的食物喂给她 11 个月大的儿子。她之所以这么做，部分原因是诉诸传统。咀嚼喂养（又称“嘴对嘴喂食”或“咀嚼喂食”）通常被描述为一种断奶行为。西尔弗斯通表示，她的儿子“真的在我吃饭时从房间的另一侧爬过来，攻击我的嘴”。虽然这种做法有时可能是无害的，但它也可能是疾病传播和细菌传染的途径，这种细菌会导致母亲把龋齿传染给宝宝。

第2章 有关成长、身体和头脑的迷思

最受关注的迷思

▼ 迷思 13
哭泣免疫法妨碍孩子发育

家里添了一个新生儿，亲朋好友询问的第一个问题往往是“宝宝是否能整晚安睡”。对于许多新手父母来说，这个问题的答案可能需要很长时间才能变成“是的”。最近一项研究调查了 5000 多名父母，结果表明约有 25% 的人将孩子的睡眠视为困扰。父母的这种沮丧也（可能是粗暴地）体现在塞缪尔·L.杰克逊（Samuel L. Jackson）《快点滚去睡》（*Go the F**k to Sleep*）的有声版本中的叙述中。儿童睡眠障碍与儿童行为问题和家族性压力有关，常常需要助眠的药物干预。儿童早期最常出现的睡眠问题主要是夜间入睡困难和夜惊。

让宝宝们“哭个够”这一建议已经存在了一个多世纪。儿科医生霍尔特·L. 埃米特（Holt L. Emmett）博士在其著作《孩子的喂养》（*The Care and Feeding of Children*）中建议，如果宝宝哭泣是为了被宠爱（如被抱着或被摇着），就让他们“哭个够”。在此书 1910 年的第 5 版中，霍尔特进一步阐释了这一建议，并通过以下论述来回应宝宝夜间哭泣的问题：

你应该起床，去查看并确认孩子感觉舒适——身下衣物光滑，手脚温暖，尿布干爽。如果这些问题都得到了适当的解决，而孩子哭泣仅仅是为了想要被抱起，就不应该进一步采取干扰措施……让孩子“哭个够”吧。

这种古老的方法（也被行为心理学家称为“消退”或“系统忽视”）鼓励父母在孩子依然清醒的时候就将他们放入婴儿床中，不要通过摇晃孩子使其入睡，确保孩子安全后就可离开卧室，第二天早上再回来。霍尔特警告说，第一晚宝宝的哭泣可能持续一个小时甚至更长时间，但以后的每个晚上，宝宝基本上就不会再哭泣了。

后来，理查德·法伯（Richard Ferber）的著作《法伯睡眠宝典：如何顺利解决孩子的睡眠问题》（*Solve Your Child's Sleep Problems*）推广了哭泣免疫法的变体。这种渐进式的方法要求父母在预定的时间间隔内对婴儿或幼儿进行短暂的检查（每次 1~2 分钟）。这种方法通常以 5 分钟的间隔开始，最多间隔 15 分钟。父母不能抱着或摇晃孩子，并且要在孩子仍然清醒时离开房间。这种渐进式的哭泣免疫法（也被称为“哭泣控制法”或“循序渐进法”）被称为“法伯睡眠法”。法伯不鼓励父母使用霍尔特提出的最初始的“哭泣免疫法”，他称之为“强制戒哭法”——听到孩子的哭声却不能看看他们，这对父母来说多么严苛呀！

尽管如此，其他育儿书作者一直在批判所有的哭泣免疫法。例如，伊丽莎白·潘特丽（Elizabeth Pantley）在其著作《宝宝不哭之好行为养成秘诀》(*The No-Cry Sleep Solution*)中抨击了这种哭泣免疫法，因为这在她的孩子身上并没有奏效。她写道："这是一种简单粗暴的待人方式，更别提这个人是我生命中的挚爱了。让宝宝忍受痛苦和恐惧直到自己不得不入睡，这是多么无情的做法，对我来说也是不可想象的！"潘特丽甚至认为，哭泣免疫法会导致亲子关系终生受损。

威廉·西尔斯和他的合著者是最有影响力的批评者之一。在其著作《宝宝睡眠百科》(*The Baby Sleep Book*)中，他们指出哭泣免疫法"不利于孩子的生理和发育"；还会"破坏你的亲子关系"；可能会让你的孩子"更容易有注意力缺陷多动障碍、糟糕的学习成绩和反社会行为"；并可能导致"孩子暴力，易冲动，无法与他人建立亲密的感情"。西尔斯等人引用了几项研究，且基于此提出以上主张（我们稍后会对其进行批判）。这场有关哭泣免疫法的争论也蔓延到了流行文化。例如，西尔斯等人提到了情景喜剧《我为卿狂》(*Mad About You*)中的一个场景：

> 杰米和保罗让他们的孩子体验了一次哭泣免疫法。这个节目展示了新手父母的每一个痛苦细节：他们坐在宝宝房的门外，控制自己想要进去抱起宝宝的冲动。不出所料，当母亲将要冲进房间，宝宝停止哭泣并睡着了——方法奏效了！全国都松了一口气，但不是为了电视剧中的母亲。杰米看上去很受打击地说："我担心我们已经伤害了她脆弱的心灵。"

最近，在情景喜剧《摩登家庭》第一季中，卡姆和米切尔试图对他们的女儿莉莉实施哭泣免疫法，但吃尽了苦头。卡姆将哭泣免疫法称为“酷刑”，他说：“如果你是一个讨厌听见别人受苦的人，那么这种做法会让你难以忍受。”卡姆后来对米切尔说：“你绝对不是一个正常人。我们的女儿哭得这么撕心裂肺，居然牵动不了你半根神经！”也有不少明星父母反对这种哭泣免疫法。美国女演员萨尔玛·海耶克（Salma Hayek）在《瑞秋美食秀》（*Rachel Ray Show*）上分享说，即使有时要花上几个小时才能让她的女儿入睡，她也绝不会让女儿“哭个够”，这是她母亲传授给她的最好的育儿建议。瑞秋·雷（Rachel Ray）回应说：“我赞同你的做法，这比让宝宝自己哭好太多了！”

父母往往会从专家那里收到相互矛盾的建议。最近一份关于儿童睡眠问题自助书籍的研究综述表明，这些书籍中有 61% 支持哭泣免疫法，它们认为对某些家庭来说这是一种有用的方法；有 31% 反对这种方法；剩下的 8% 没有表明立场。也许是因为自助书籍作者的观点相互矛盾，公众在这个问题上也存在分歧。一项在线民意调查中有这样一个问题：“你是否愿意或者曾经让你的宝宝‘哭个够’？”在超过 17.1 万名用户参与的投票中，41% 回答“是”，59% 回答“否”。另外，在《宝宝睡眠百科》这本书中，西尔斯等人宣称，他们开展的一项调查表明，数百名父母中有 95% 表示他们并不赞同哭泣免疫法。从许多方法论的角度来看，上述在线调查和西尔斯家族的统计实践都可能遭到抨击（即它们都不是严谨的对照研究），但我们自己的研究表明，26% 的学生和 43% 的家长认同

“让一岁的孩子在睡前‘哭个够’会妨碍他们的情绪发展”。

事实上，情绪发展有受损风险正是潘特丽和西尔斯等自助书籍作者所传递的信息。在调查哭泣免疫法是否会损害宝宝的情绪健康之前，我们有必要讨论一下这种方法是否能有效减少睡眠障碍。毕竟，如果这种方法根本行不通，那么就不应该有人使用它。

研究人员已经调查了哭泣免疫法的两个主要变体。一些随机对照实验表明，最初始的哭泣免疫法（即消退）可以有效地改善婴幼儿和学龄前儿童的睡眠障碍。渐进式哭泣免疫法的疗效也得到了一些随机对照实验的支持。对照美国心理学会特别工作组的标准，哭泣免疫法的两种变体都属于“成熟的”循证干预。此外，有越来越多的研究文献表明，即使是父母留在孩子的卧室（但不是孩子的床），但对孩子的哭声置之不闻，这种哭泣免疫法也可以奏效，并且这种变体（有时被称为“露营”）对父母来说可能更容易接受。每天晚上，父母都慢慢移至离走廊更近的地方，直到他们最终走出卧室。

哭泣免疫法的各种替代方法是什么？潘特丽和西尔斯强烈反对哭泣免疫法，所以他们建议父母立即响应婴儿的哭声和幼儿的请求。因此，在即时响应法中，父母经常摇晃宝宝入睡，与宝宝睡在同一张床上，或以其他方式帮助宝宝入睡。然而，没有一项精心设计的研究表明，即时响应法可以改善小儿睡眠障碍。

相反，即时响应法有可能延长睡眠障碍持续的时间并产生负面的睡眠联想，使问题不断恶化。具体地说，如果宝宝在父母的怀中被摇晃入睡，然后被放进婴儿床中，这可能会成为一种负面的睡眠联想，因为宝宝在夜晚醒来时会发现自己已不再被父母抱在怀中摇晃。因此宝宝可能很难再次入睡，并会大声哭喊直到再次被父母摇晃。

西尔斯等人声称哭泣免疫法会导致情绪受损及其他问题，这些说法是真的吗？我们没有足够的篇幅来批评他们书中列出的所有研究，但是我们可以选出一个研究作为代表进行批判，这非常有教育意义。例如，西尔斯等人声称："宾夕法尼亚州立大学和亚利桑那州立大学的研究人员发现，在刚出生的几个月里，过度哭闹的婴儿在情绪控制方面更加吃力；到了 10 个月大的时候，父母试图安抚他们的情绪，却发现他们变得更加难以取悦。"西尔斯等人曾提到过一项相关性研究，这项研究的主要发现就是，如果宝宝在 6 周大的时候经常哭喊（总体来说，不一定是在婴儿床中），那么他们在 10 个月大的时候更容易对实验室中令人沮丧的刺激因素产生消极反应。这项研究与哭泣免疫法甚至是睡眠问题都完全没有关系，但西尔斯等人用它来暗示哭泣免疫法会导致宝宝"难以控制情绪"。这项研究的目的是调查哭泣和自我调节之间的关系，它本来是想说明，在宝宝出生后的第一年，他们的性情在各种情景下表现得相当一致。这项研究并不能证明哭泣免疫法会导致情绪受损。西尔斯等人引用的其他研究也都受到了类似的批评。

茨尔恩切克（Črnčec）等人回顾了直接调查哭泣免疫法的研

究，并报告说这种方法不会伤害婴儿或幼儿的情绪健康及情感依附。一项精心设计的研究对儿童群体展开了历时五年的跟踪调查，最近这项研究证明了这种哭泣免疫法是无害的。事实上，有一些迹象表明，使用哭泣免疫法教婴儿如何安抚自己入睡实际上可以改善他们的情绪健康。例如，法朗士（France）研究了使用哭泣免疫法治疗睡眠障碍的婴儿（年龄为 6~24 个月大），并将其与未接受过哭泣免疫法治疗的婴儿进行比较。结果发现，接受哭泣免疫法治疗的儿童在安全感、受欢迎程度和情绪健康方面的得分更高。不过，普莱斯（Price）等人未能成功复制这一发现。

需要明确的是，在很多情况下（如湿尿布、疼痛、疾病），父母应该立即响应宝宝的哭声。如果孩子安全并得到良好的照顾，父母就可以停止响应孩子夜间的哭声，因为他们只是想被抱着或被摇晃。不可否认的是，对于慈爱的父母来说，他们很难做到在听到孩子的哭声后不立即响应。然而，如上所述，一些专家通过提供原始的哭泣免疫法的变体来应对这一挑战，包括偶尔快速检查（如法伯睡眠法）或父母守在宝宝近旁（如露营法）。遗憾的是，其他自助书籍的作者助长了“哭泣免疫法妨碍孩子发育”这一错误观念，这一迷思会让任何一种哭泣免疫法都难以推行，也会促使父母过早放弃这种有效的方法。此外，哭泣免疫法有害的说法到了《治疗中的国家》（*One Nation Under Therapy*）这本书中，就演变为一个内容更广泛的迷思。具体来说，这本书介绍了“脆弱孩子迷思”（The Myth of the Fragile Child），书中写到许多人认为孩子非常脆弱，无法应对任何压力；而事实上，孩子们能够处理他们生活中的大部分压力。学会应对压力的确是一项重要的生活技能。

最后一点，在宝宝不足五六个月大时，一般不提倡使用哭泣免疫法。此外，哭泣免疫法的支持者也不建议每个家长都使用这种方法；相反，他们认为对于许多因孩子睡眠问题而苦苦挣扎的家庭来说，这可能是一个有用且安全的选择。虽然有时候父母在抱着、摇晃或喂宝宝入睡时感觉良好，但每次都摇晃或喂宝宝入睡可能会让宝宝以后的睡眠产生问题。因此，避免小儿睡眠障碍的最佳方法之一是让宝宝自己入睡，从而让宝宝有机会学习自我安抚技能。

你需要知道的

哭泣免疫法的另一个重要特性就是，它常常需要搭配其他方法使用，共同改善睡眠卫生状况。例如，睡眠专家建议家长确保婴幼儿有一个固定的睡眠时间表，有固定的睡前常规活动，避免让孩子在电视机前睡着。因此，在使用哭泣免疫法之前，应该解决此类睡眠卫生问题。睡眠专家还强调了确保婴儿床符合安全标准的重要性。此外，婴儿监视器可用于监控婴儿床的安全性。如果你目前正在尝试改善婴儿或幼儿的睡眠，那么我们建议你阅读《整晚安睡》（*Sleeping Through the Night*）这本书，此书认为循序渐进哭泣法是改善睡眠卫生状况的一种选择。最后，有必要补充一点：家庭教育指导师经常使用积极主动的策略，鼓励新手父母（和日托教师）从一开始，也就是婴儿“困倦但尚未入睡”的时候就把宝宝放在婴儿床上。

▼ 迷思 14 摄入糖分会引发多动症

在任何一个周末的下午，都有无数的孩子们参加生日庆祝活动，那里有美味的生日蛋糕、含糖饮料，中间还可能放着装满糖果的彩罐。在这样的时候，你常常可以听到一个家长对另一个家长嘀咕：“这些孩子吃完所有的糖后就会变得活蹦乱跳的。”许多父母的确会把糖分的摄入与孩子的活跃度联系在一起。这种观点让人回想起高中生物课上所讲的知识：糖是一种快速获取能量的来源。一些家长说，他们的孩子变得极度活跃就是对糖产生了行为反应，以至于他们认为孩子“发生了糖反应”，还有一些人经常把糖视为注意力缺陷 / 多动障碍（attention-deficit/hyperactivity disorder，ADHD）的元凶。这种观点为何如此流行？

媒体很乐意传播这种看法。在电影《家长指导》（*Parental Guidance*）的剧场版预告片（见图 2–1）中，祖父阿蒂［比利 · 克里斯托（Billy Crystal）饰］和祖母黛安［贝特 · 迈德尔（Bette Midler）饰］被请求照看他们的三个孙子。孩子的父母告诫祖父母不要让孩子吃任何加糖的食物。母亲说：“他们不吃糖。”父亲又补充说：“我们曾尝试过给他们一点点糖，但结果他们就像是疯狂的火车脱了轨。”不过，祖父阿蒂有不同的想法。阿蒂用蛋糕贿赂孩子们，希望他们不会把自己允许他们看恐怖电影的事告诉他们的母亲。没过多久，场面突然混乱——两个孩子迅速用手抓取蛋糕，母亲发现他们在厨房里跑来跑去，头发、脸和衬衫上都沾满了蛋糕，一直说啊说，停不下来。

图 2–1　在电影《家长指导》中，孩子们第一次吃到真正的蛋糕（含糖）后变得非常活跃

类似的场景也出现在许多电视节目中。例如，在《辛普森一家》中，巴特 · 辛普森和他最好的朋友米尔豪斯喝了一杯“全糖浆超级软膏”。几秒钟后，两人都开始产生幻觉，然后他们在整个城镇上演了一场狂欢。在另一个动画节目《瘪四与大头蛋》（*Beavis and Butt-Had*）中，瘪四因吃了太多糖而变成了多动且无法无天的

“玉米超人”。

这些媒体案例及许多其他类似的案例似乎已经把这种看法植入公众意识中。多斯赖斯（dosReis）及其同事的一项研究发现，超过一半的受访父母认为糖会影响儿童的多动行为。在我们的研究中，82% 的大学生和 70% 的家长同意“摄入过多的糖会导致大多数孩子多动”这一说法。在其他研究中，42% 的教师认为减少糖分的摄入可以有效减少 ADHD 症状。医学界在宣传这一看法方面也发挥了令人惊讶的作用。贝内特（Bennett）和舍曼（Sherman）的一项研究调查了华盛顿州 462 名为多动症儿童提供治疗建议的医生。除了儿科医生外，研究人员还调查了全科医生和家庭医生。他们发现，约有 45% 的医生建议通过“低糖饮食”来治疗 ADHD。

虽然大多数人认为糖和多动之间存在着既定的联系，但也有确凿的证据证明这种看法是错误的。最新的一份研究报告综合分析了 23 项研究，这些研究都经过了严格标准的筛选。例如，研究在开始分析前设置了安慰剂对照组，并且对父母、儿童和研究人员隐瞒了孩子的组别（有糖或无糖），以便使他们的评级不带有偏见。结果发现，23 项研究中的大部分都发现有糖组和无糖组（即安慰剂组）之间几乎没有差别。当研究人员在大多数研究中对少数被试进行校正后，他们得出了这样的结论：无论是通过直接观察还是通过父母或教师的评级来衡量，糖与多动症之间都不存在关联性。此外，沃尔赖奇（Wolraich）及其同事开展了一项精心设计的研究，他们比较了糖、阿斯巴甜（一种有争议的人造甜味剂）和糖精（被认为是一种安慰剂组）对儿童的影响——这些儿童的父母都称自己的孩子“糖敏感”。研究手段多种多样，包括认知表现、运动活动，以及父母、教师和研究人员对其行为的主观评价。这些研究人员得出结论：无论是糖还是阿斯巴甜，都不会对这些儿童产生影响。

研究人员甚至探讨了糖与 ADHD 之间的潜在联系。例如，米利奇（Milich）和佩勒姆（Pelham）以一组被诊断患有 ADHD（当时的名称与现在的略有不同）的儿童作为被试，让他们分别摄入糖与阿斯巴甜，对比可能产生的效果，包括反映顺从度的各种行为、注意力、与同龄人的相处方式、学业表现，以及教师和辅导员的评分。研究人员报告说：“没有一致的证据证明蔗糖摄入会对患有 ADHD 的男孩的学习或行为产生不利影响。”这种类型的研究使得疾病控制和预防中心注意到研究并不支持“ADHD 是由摄入过多糖引起的”这一普遍观点。

尽管研究已表明，糖和 ADHD 之间没有联系，为什么还有这么多家长认为两者之间存在联系呢？胡佛（Hoover）和米利奇展开了一项与这个迷思相关的研究，试图了解一种潜在的“期望效应”（expectancy effect）。研究者招募了 35 位母亲，她们都认为自己孩子的行为受到了糖的影响。研究者将母亲和孩子分为两组：一组母亲被告知她们的孩子将获得一杯人工增甜的饮料；另一组母亲被告知她们的孩子将被获得一杯含糖量高的饮料。这个实验旨在测试母亲对孩子行为的期望是否会影响她们的评分。事实上，实验中的两组孩子都获得的是不加糖的人工增甜饮料。在实验中，母亲和孩子一起参加了精心安排的游戏任务，然后母亲完成了关于孩子行为的问卷调查。结果显示，被告知孩子摄入糖的母亲认为她们的孩子比其他组的孩子更多动；这些母亲在游戏互动过程中也表现出更多的控制行为。具体来说，与另一组的母亲相比，这些母亲往往更靠近孩子的身体，批评孩子的次数更多，对孩子发出的指令也更多。鉴于这些结果，我们可以看到，一定要非常谨慎地解读那些依靠父母评测孩子是否有多动症的研究。还记得引言中曾提到过的“错觉关联”吗？父母在糖和 ADHD 之间建立的联系就是一个很好的例证。

重要的是，我们已经有充分的证据证明最有可能引发 ADHD 的因素。研究表明，ADHD 的遗传率特别高。也就是说，一个人的基因在很大程度上会影响他们多动、冲动和注意力不集中的程度。和每个遗传性状一样，这些行为的表达也会受到环境的影响。然而，就 ADHD 而言，糖分的摄入并不是环境的重要组成部分。

如果糖会让孩子多动的迷思只会让父母在一定程度上减少孩子的糖分摄入量，那么这一迷思只是相对来说无害。遗憾的是，糖分的摄入和儿童多动症之间的这种简单关联在许多人的脑海中更进一步，成为引发 ADHD 的潜在原因。这一迷思导致了无糖饮食，即去除孩子的饮食中所有的糖。这种类型的饮食不仅制作起来非常耗时，还会扰乱日常生活——因为许多食物中都有糖。无糖饮食挤占了本应用来寻求循证治疗的时间和精力。此外，无糖饮食可能使得父母去除含糖（如水果）的健康食物，这无疑会破坏饮食的均衡。

总之，现在看来，公众越了解 ADHD 的症状、起因以及成熟的治疗手段，就越可能从中受益。因此，控制儿童饮食中糖分的摄入量也许能给他们的健康带来好处，但无法阻止他们跳到沙发上，在房子里横冲直撞或话多。

你需要知道的

如何治疗患有 ADHD 的儿童呢？行为干预是经常被推荐的循证方法。佩勒姆（Pelham）和法比亚诺（Fabiano）对行为干预的三种循证变体进行了全面述评：家长行为训练、课堂行为管理，以及娱乐场所的同伴行为干预。

有科学研究证实了兴奋剂药物能够减轻 ADHD 的相关症状。因此，美国儿科学会建议将美国食品与药物管理局（FDA）批准治疗 ADHD 的药物与行为治疗相结合。然而，考虑到药物潜在的副作用，以及有研究表明药物仅在短期内才有效（即没有长期效益），行为干预也应被视为一种独立的干预措施。如果不得不使用药物，就强烈建议增加行为干预疗法。

罗素·巴克利（Russell Barkley）在《如何养育多动症孩子：给父母的权威完全指导》（*Taking Charge of ADHD: The Complete, Authoritative Guide for Parents*）一书中探讨了 ADHD 的干预措施及起因，包括行为干预疗法和药物治疗。

迷思 15
使用婴儿学步车可以帮助学步儿更快地学会走路

“学步儿童”（toddler）一词通常指的是一岁及以上的儿童，而且这个术语源自孩子第一个生日前后开始走路的方式或者说蹒跚学步的样子。对于父母来说，孩子迈出第一步是令人难忘的大事件。事实上，就在这一刻，一些小孩正朝着父母张开的双臂（或能录像的智能手机）迈出他们的第一步。使用关键词“宝宝的第一步”快速上网搜索视频，无疑会让你收获更多的快乐。

父母想要帮助孩子尽快学会走路的心情是可以理解的。毕竟，未来的田径比赛还不知要花落谁家。此外，一旦自己家的孩子取得里程碑式的成就，父母们就会将其与邻居家的孩子做对比。为了在竞争中占据优势，许多家长很早就开始使用婴儿学步车来帮助宝宝学走路。早在几个世纪前，医生们就建议使用婴儿学步车来教婴儿走路。例如，有记载称，法拉利（Ferrarius）在 1577 年建议婴儿通过使用学步车来学走路。同样，18 世纪的威廉·卡多根（William Cadogan）医生敦促父母要尽快教会宝宝学走路。

敦促婴儿尽早学会走路的原因之一就是，一些医生曾经认为“四肢爬行是一种坏习惯，不符合人类生长的自然规律，如果不加以制止，这就将成为宝宝余生主要的行走方式”。此外，曾经有一段时间，父母甚至不让他们的孩子爬行，因为他们担心这种行为过于粗野，毕竟爬行是许多动物移动的方式。曾经有人认为“孩子在开始走路之前学会说话是不吉利的”，这是父母希望孩子尽快学会走路的另一个原因。学会走路和说话往往发生在孩子的第一个生日前后。此外，世界上有一些群落，甚至要求“夫妇不允许在他们的后代学会走路之前同房”——可能是为了防止父母在很短的时间内生育太多孩子。因此，在这些群落中，许多父母都会积极地帮助孩子尽可能快地迈出第一步！

在电视机和电影院出现之前，艺术品反映着当时的文化，而古老的艺术作品中经常有婴儿学步车的身影。例如，中世纪时期的艺术品中就有婴儿学步车，“木匠圣约瑟送给刚出生的耶稣一辆方形木制婴儿学步车”。数百年前，艺术家伦勃朗在 1646 年完成了一件名为《行走训练师》（*The Walking Trainer*）的画作，画中有一位母亲正在用婴儿学步车教她的孩子走路。而这幅画中真正的暗喻是，只有勤加练习才能成为伟大的艺术家。

一直鼓励家长使用婴儿学步车帮助孩子学习走路的人，除了中世纪的医生和艺术家，还有售卖婴儿学步车的商贩。1906 年的一则广告宣称“如果宝宝用格拉斯科克婴儿学步车学习走路，就会有笔直的双腿和强健的背部”，并且补充说，婴儿学步车“已获得医生认可，可有效开发儿童的身体”。现如今，仍然有类似的说法。西尔斯（公司名称，而非那位儿科医生）公司在 2013 年的一次互联网营销活动中宣传道：“婴儿学步车让您的孩子先人一步。这种轮子装置使用便捷，舒适的座椅可平衡宝宝的身体，帮助您的宝宝迈出第一步。”它建议为孩子选择埃尔莫学步车，根据西尔斯公司官网的描述，这款学步车能够“帮助孩子锻炼小腿肌肉”。也许孩子会更喜欢小熊维尼学步车，它“让学习走路成为孩子和父母的乐趣”……这样的例子还有很多，你可能已经明白了这其中的意思。

婴儿学步车真的可以帮助婴儿更快地学会走路吗？研究人员在四项研究中，综合分析这些广告语或类似的说法得出结论：婴儿学步车与更早学会走路没有关系。事实上，有研究者在其中两项中发现，使用婴儿学步车的婴儿反而多花了几个星期才学会走路。尽管这些研究存在一些局限性（如样本总量小），但总的来说，它们也有一些巧妙的设计，包括将双胞胎随机分配为使用婴儿学步车组和不使用婴儿学步车组。

美国儿科学会就婴儿学步车研究发布声明：“这些装置并不能帮助孩子学会走路，而且它们还会消除孩子走路的欲望。”此外，使用婴儿学步车比走路晚的风险更大。在 20 世纪 90 年代早期，每年约有 2.5 万名婴儿因使用学步车受伤甚至要去医院接受治疗，有些孩子因伤势过重而不幸夭折。根据美国儿科学会的说法，使用学步车的风险包括：从楼梯上摔下来，被桌子或炉子上滚烫的东西烧伤，在游泳池或浴缸中溺水，还有中毒。即使孩子处于父母的监视之下，大部分意外事件仍然会发生，因为孩子们可以在学步车中快速移动。

婴儿学步车所引发的意外事件使得美国消费品安全委员会（Consumer Product Safety Committee，CPSC）和婴儿学步车产业不得不联起手来，开发更安全的学步车。虽然婴儿学步车的安全性能有所提升（如改进后的学步车不能通过正常的门道），但每年仍会因此引发成千上万起意外事件，而美国儿科学会只能继续“强烈建议父母不要使用婴儿学步车”。事实上，自 2004 年以来，加拿大一直“禁止进口、广告宣传或出售婴儿学步车……”，车库旧物甩卖也不例外。这使加拿大成为第一个颁布这一禁令的国家。有趣的是，一些父母是如此喜欢婴儿学步车，以至于加拿大的禁令催生了地下黑市，一旦被抓或将面临高额罚款（甚至是监禁）。一些加拿大父母拒绝放弃婴儿学步车的原因之一，可能是他们认为学步车会帮助他们的孩子学会走路。在美国的一项研究中，77% 的父母表示他们使用过婴儿学步车，尽管他们记得儿科医生给予的安全警告；72% 的人认为婴儿学步车能帮助他们的孩子更早地学会走路。在我们的研究中，78% 的学生和 76% 的家长同意“使用婴儿学步车可以帮助学步儿童更快地学会走路”。

为什么父母相信婴儿学步车可以帮助学步儿童更快地学会走路呢？原因显而易见。毕竟，坐在学步车中的婴儿在四处走动的同时，身体保持直立，双脚保持移动。婴儿最终都能学会走路，于是父母便将这一新技能的获得归功于学步车。这一逻辑迷思就是本书引言部分心理学迷思之源所提到的“后发者因之而发”。也就是说，仅仅是因为某一事件发生在另一个事件之后，但这并不意味着第一个事件是第二个事件的起因。

总而言之，虽然美国儿科学会不鼓励使用婴儿学步车，但它们确实提出了一些替代学步车的方法，包括偶尔使用固定的活动中心、游戏室和高脚椅。这些设备并不能帮助婴儿学会走路，但是当父母需要在旁边做家务时，算是一个照看孩子的好地方。

你需要知道的

虽然大多数婴儿在没有接受任何特殊训练的情况下都能学会走路，但由于需要协调不同的身体技能，学习走路还是很有挑战性的。美国儿科学会介绍了学习走路需要的一切资源。例如，早在几个月大的时候，婴儿就在父母的背上摸爬，或者在父母的肚子上享受特殊的“俯卧时间”（tummy time）并受到监护，这时婴儿已经开始锻炼重要的肌肉。这些早期运动增强了孩子的肌肉，这对之后的坐立和爬行都非常重要。如果父母想要鼓励孩子爬行，那么有一种方法是将孩子喜欢的物体放在他们稍稍够不到的地方。爬行可以帮助孩子增强体力和平衡感，随后他们就会爬起身来学会站立。站立的时候扶着小桌子或小椅子，可以帮助即将学会走路的孩子迈出第一步。不过，一切都要小心，因为即使孩子知道如何站立，他们也可能不知道如何坐下来！

一旦婴儿开始四处走动，父母就需要开始考虑孩子的安全问题。无论是否使用婴儿学步车，婴儿到处移动都可能会发生很多意外的情况。美国儿科学会也提供了一些相关的安全提示。为了防止孩子摔倒，父母可以在门口和楼梯处安装大门，还要给楼上的窗户安装好其他防护装置。父母应注意不要将滚烫的物品（如咖啡杯）放在桌子边缘。后院的游泳池需要用栅栏围起来，同时父母也应该意识到，小婴儿很可能会在水深不足两英寸[①]的地方溺亡，包括浴缸、厕所或是一桶水。剩下的家庭准备工作包括，采取预防措施以防孩子中毒（如清洁剂、药品等）、噎死（如小物体、大块食物等）、勒死（如遮光帘的绳索）、窒息（如塑料袋），甚至是在家里接触枪支。

▼ 迷思 16 具有认知刺激性的视频可以提高宝宝的智商

在《心理学的 50 大奥秘》一书中，利林菲尔德等人曾提出过一个育儿的长期趋势。具体而言，在 20 世纪 80 年代，有许多父母试图创造出“超级婴儿”——他们让新生儿接触大量的高等数学知识和外语。到了 20 世纪 90 年代，有许多父母和教师会为儿童、婴儿甚至是胎儿播放莫扎特音乐，希望借此提高孩子的智商。利林菲尔德等人通过深入分析，揭示了这样一个迷思：“听莫扎特的音乐能提高婴儿的智商。”利林菲尔德及其同事还描述了这一育儿趋势进入 21 世纪后的表现：父母纷纷希望借助具有认知刺激性的视

① 1 英寸 =2.54 厘米。——译者注

频［如《小小爱因斯坦》（*Baby Einstein*）］来帮助孩子成为天才。我们关注的重点不是利林菲尔德等人早已讽刺过的“莫扎特效应”（Mozart Effect）迷思，而是这个育儿趋势的最新表现形式。也就是说，我们将专注于所谓的“爱因斯坦运动”（因《小小爱因斯坦》影像产品的畅销而命名）。

纪录片《无处比赛》（*Race to Nowhere*）的电影制片人认为，压力过度会导致学生被“过多的日程安排、过多的考试，以及各种目标的巨大压力推向崩溃的边缘”。正如影片中的一名十几岁的学生所说：“学校的压力太大了，以至于我每天醒来都活在对它的恐惧中。”不过，不少人认为，这种目标压力并不是从初中或高中开始的，而是在孩子更年幼的的时候就出现了。在非营利组织“儿童时代联盟”（Alliance for Childhood）发表的一篇报告《幼儿园危机：为什么儿童需要在学校玩耍》（*Crisis in Kindergarten: Why Children Need to Play in School*）中，作者对幼儿园课堂最近发生的变化唏嘘不已，他们声称：“人们普遍认为，儿童越早开始掌握阅读的基本要素，如读音和字母辨识，就越有可能在学校取得成功，正是数百种‘聪明宝宝’产品推广了这一理念，从而加重了人们对玩耍价值的怀疑。”正是在这种望子成龙的压力环境之下，家长们对于能让孩子在竞争中“先人一步”的产品趋之若鹜，即使对手只有几个月大。

为了帮助父母实现心愿，有越来越多的电视节目、DVD 和视频节目声称（或推测）自己可以提升婴幼儿的智力水平。许多父母在潜意识里希望这些产品能帮助他们的孩子在未来的学术能力评估测试（SAT）或美国大学入学考试（ACT）中取得更好的成绩，从而被心仪的名牌大学录取。这种直接面向婴幼儿的电视和视频浪潮在 20 世纪 90 年代末涌入公共市场。例如，世界上其他地区的父母和幼儿观众此时已经开始接触《小小爱因斯坦》影像产品和《天线宝宝》（*Teletubbies*）等电视节目。根据该产品的官网，制作《小小爱因斯坦》的公司于 2001 年被华特迪士尼公司收购，2002 年被奥普拉（Oprah）称为“最热门的准妈妈派对礼品之一”，最终促使《小小爱因斯坦》成为“婴幼儿成长发育和娱乐产品中的全球市场领导者”。

其他许多婴幼儿教育影像类产品也在 2000 年后急剧增长。2005 年，亚马逊网站上超过 75% 的针对两岁以下幼儿的畅销影像产品声称自己具有教育意义。实际上，一些产品制造商表示它们的视频不会提高婴儿观众的智商，但这些产品的标题和简介可能让家长们产生其他想法。在“我的天才宝宝”（*Brainy Baby*）系列教育 DVD 中，诸如“左脑启发：理性的逻辑思考”（*Left Brain: Inspires Logical Thinking*）这样的标题似乎在暗示该产品专注于促进孩子认知发展，并且制造商将该产品描述为“第一个可以刺激认知发展的系列视频”。诸如此类的电视节目也成为重要的商机。2004 年，旨在促进婴幼儿发展的 DVD 产品达到了约一亿美元的营业额。

针对越来越多的幼童使用电子媒体这一现象，美国儿科学会传播与媒体委员会发布了一份报告，不鼓励两岁以下幼童接触电视之类的媒体。尽管如此，幼童观看电视和 DVD 的情况仍然非常普遍。范德沃特（Vandewater）及其同事曾开展过一项幼童和媒体使用调查（这是规模最大的调查之一），他们发现 63% 的两岁以下幼童每天观看电视，30% 的幼童每天观看视频的时间超过一小时。相较于此，他们平均花费 66 分钟在室外玩耍，花费 39 分钟聆听大人读书。

值得注意的是，18% 的婴幼儿的卧室里装有电视。家长们给出的理由也是五花八门，包括：空出一台电视方便大人观看（47%），父母抽不开身时可以让孩子有事可做（42%），帮助孩子入睡（28%）。还有一项针对家长的大规模调查发现，三个月大的孩子平均每天观看电视的时间约为一小时，其中约 30 分钟是所谓的“教育”节目，约 15 分钟是专门针对宝宝制作的影像视频。

虽然有些人可能会争辩说，很多节目从未说过会提升幼儿的智商水平，但似乎很多家长都认为情况确实如此。有一项定性研究专门针对 12~24 个月大孩子的母亲，其中 68% 的人表示她们有“早教视频”，而且大多数母亲认为这些视频是被当作教育产品出售的，55% 的母亲相信观看这些视频会带来某种教育益处。齐默尔曼（Zimmerman）等人的另一项研究证实，许多家长相信给孩子观看早教视频会使他们更聪明。在这项研究中，29% 的家长将教育益处或者对孩子大脑的益处视作允许孩子使用媒体最重要的原因。与瑞安（Ryan）的研究相似，齐默曼及其同事的研究结果表明，早教视频的教育价值得到了更强烈的认可，而不是简单地在家长忙碌时使用这些视频让孩子有事可做。此外，在这两项研究中，大多数家长并没有一直陪同孩子观看视频，这与大多数 DVD 制造商的建议相悖。在我们的研究中，85% 的大学生和 69% 的父母同意“具有认知刺激性的视频可以提高宝宝的智商”。此外，目前来看，爱因斯坦运动迷思比流行的莫扎特效应迷思更为普遍。也就是说，60% 的大学生和 58% 的父母都同意这样的说法——“听莫扎特的音乐能提高婴儿的智商”。

考虑到早教视频有着广泛的群众基础，那么早教视频可以提高婴儿智商这一说法是否有研究依据呢？卡里奇（Courage）和塞特利夫（Setliff）回顾了许多研究，有证据证明早教视频根本无益于他们的大脑发育。这个论点的核心是一个常见的研究结果，被称为“视频致呆”（video deficit）。“致呆”是指“婴幼儿在现实生活中能轻而易举地模仿的东西，当在视频中出现时，婴幼儿往往很难模仿出来”。许多关于空间学习、单词辨识和语言发育的研究也发现了这种问题。这意味着幼童有学习的潜力，但是相比媒体，实时互动会让他们的学习效率更高。造成这种情况的原因之一可能是，孩子与父母或者其他成人互动时会产生三维互动体验，相比之下，二维互动体验（如电视屏幕）无法向孩子传递意义。

同样，巴尔（Barr）和海恩（Hayne）在针对 12~18 个月大的孩子所做的一系列研究中发现，对于孩子的学习来说，实时互动比视频互动更有效。有趣的是，巴尔及其同事最近的一项研究发现，如果父母和 12~18 个月大的孩子一起观看早教视频并在这个过程中提问或发表感想，孩子就会更加积极地回应和模仿视频内容。虽然这是一个发人深省的研究发现，但考虑到大多数父母不会这样做，这一发现可能几乎没有现实适用性。

据说早教视频的另一个好处是，可以促进语言发育和单词学习。然而，这个主题的相关研究基本上与这一论断相矛盾。例如，针对“小小爱因斯坦”系列中的《小小沃兹沃斯：发现第一个声音》（*Baby Wordsworth: First Words Around the House*）视频，罗布（Robb）及其同事调查了其可能对 12~15 个月大的孩子的单词学习产生的影响。这些研究人员将孩子随机分配为两组。研究人员要求视频小组在六周内观看 15 次视频，而对照组不用观看视频并被告知遵循他们平日的惯例即可。调查结果表明，多次观看视频并不能促进单词学习。同时，研究人员还统计了父母给孩子读书的时间，而这与单词学习密切相关。

一项类似的研究还调查了一个类似的视频节目可能对 12~18 个月大的孩子的单词学习产生的影响。在这项研究中，孩子的分组情况略有不同：第一组孩子在没有和家长互动的情况下观看视频（四周内至少观看 10 个小时）；第二组孩子在和家长互动的情况下观看视频（四周内至少观看 10 个小时）；第三组孩子通过和家长互动学习单词表（没有时间要求）；最后一组是控制组（没有明确的教学或视频指令）。结果表明，第三组孩子学到的单词明显更多，而两个视频观看小组孩子学到的单词并不比对照组学到的单词多。因此，这再一次证明早教视频没有益处。

在一项不同类型的研究中，齐默尔曼及其同事跟踪调查了超过 1008 名父母，了解其 8~24 个月大的孩子在媒体使用和语言发育方面的情况。对于 8~16 个月大的孩子来说，如果大人每天陪他们阅读，给他们讲故事，他们的语言技能就会得到显著提高，这在 17~24 个月大的孩子身上也呈现出了类似的趋势。另一方面，8~16 个月大的孩子语言技能显著低下可能与早教视频有关，而教育节目、儿童非教育类电视节目和成人节目与这些孩子的语言技能没用任何关联。对于 17~24 个月大的孩子来说，使用媒体不会影响语言发育。

这里提到的研究是美国儿科学会关于两岁以下幼童媒体使用报告更新版的一部分。在这份报告中，作者再次重申不鼓励两岁以下幼童使用媒体，而且这份更新版报告也指出，最初的政策声明“经常被媒体错误引用为这个年龄组不能接触媒体”。因此，虽然美国儿科学会确实不鼓励幼童两岁之前观看电视，但它们的意思并不是两岁以下的幼童一眼电视屏幕都不能看。

为什么父母容易受到“莫扎特效应”以及最近的“爱因斯坦运动”的影响呢？心理学迷思之源提供了不止一种解释。具体而言，追求简单答案可能是许多父母的动机。给孩子播放视频并不难，并且在父母做家务或开车的时候，这些视频可以让孩子有事可做，这算是额外的好处。事实上，我们不会责怪父母偶尔给孩子播放视频。公平地说，作为父母，我们也是出了名地爱给孩子时不时地播放视频。只要父母心里清楚视频不能真正教会孩子他们需要了解的知识，那么有限地使用早教视频或许也无妨。最后，美国儿科学会承认，有证据表明，给两岁以上幼童观看高质量的教育节目可能会给他们带来一些教育上的好处。不过请记住，没有什么能比得上在现实中与他人互动！

你需要知道的

这项关于如何促进婴幼儿学习的研究很清晰：与成人互动会为孩子带来最高效的学习体验，远远优于视频“教学”。此外，美国儿科学会推荐了一种可替代观看电视的方法——鼓励父母从宝宝出生起，每天与宝宝一起阅读。

迷思 17 婴儿期使用儿语会造成语言发育迟缓

人类以后不会再使用儿语（baby talk）。至少，电视剧《星际迷航》已经告诉我们，这种交流方式（即将变得晦涩难懂）注定会消亡。以下是医生、大副和“进取号”舰长之间的互动，请好好揣摩一下吧。麦考伊医生一边抱着一个来自外星球的新生儿，一边使用儿语。

麦考伊医生（对新生儿）说：“咕叽咕叽嘛咪哄。”

斯波克（转向舰长柯克）说：“舰长，什么是‘咕叽咕叽嘛咪哄’？”

柯克舰长说："一种晦涩难懂的地球方言，斯波克先生。'咕叽咕叽嘛咪哄。'如果您感兴趣，可以咨询语言学家。"

上述对话发生在一个虚构的23世纪，所以在儿语成为一种"晦涩难懂的地球方言"之前，我们可能还有几百年的时间。如果斯波克真的决定咨询语言学家，他可能会从一个定义着手。儿语的基本定义是任何针对幼儿的言语方式，不同于与成年人交谈的方式。儿语的共同特征包括：音调更高、音域更广、速度更慢、拉长音节、停顿更长、简化语法，以及改变单词使其变得更简短，说起来更容易或更可爱（如"拜拜""妈妈""狗狗"）。

有一段时间，"妈妈语"（motherese）是用来描述儿语的专业术语；然而，由于父亲和其他看护人也会使用儿语，因此最近这个专业术语演变为"父母语"（parentese）、"婴儿指向型言语"（infant-directed speech）或"儿童指向型言语"（child-directed speech）。虽然这些变体通常可以互换使用，但它们也可以表示特定的生命周期，特别是考虑到"婴儿"（infant）一词在拉丁语中是"不"能"说"的意思，而"婴儿"在第一个生日就变成了"幼儿"（toddler），大部分孩子开始说出他们的第一句话。

使用儿语的不只是成年人。当一个四岁的孩子与一个两岁的孩子交谈时，年龄较大的孩子经常会改变单词的发音；当一个两岁的孩子与一个一岁的孩子交谈时，他们甚至改变了说话的方式。在许多不同的文化中，儿语是一种常用的工具。当父母对听力受损的婴儿使用手语时，甚至会展示出儿语的意味。具体来说，父母打手势时会放慢速度，增大动作幅度，重复的次数也会增多。

尽管儿语被广泛使用，但柯克船长表示它很可能会成为一种晦涩难懂的方言。因为在 21 世纪，儿语已经受到抨击。例如，在电影《拜见岳父大人 2》（*Meet the Fockers*）中，主角格雷格［本·斯蒂勒（Ben Stiller）饰］使用儿语与他一岁的侄子谈话。格雷格的岳父［罗伯特·德尼罗（Robert De Niro）饰］说："格雷格，格雷格，格雷格，不要将他当小孩看待，要像对待成年人一样跟他说话……试着去接受他就是个小大人。虽然他还不能用言语沟通，但他能够明白。"在电影的后半部分，格雷格注意到了自己的父亲［达斯汀·霍夫曼（Dustin Hoffman）饰］也在用儿语与同一个孩子对话，他复述了一遍他岳父的话："嘿，爸爸，不要把他当小孩子看，要像对待成年人一样跟他对话。"

除了电影，现实世界中也有一些人在谴责儿语。演员尼尔·帕特里克·哈里斯（Neil Patrick Harris）［曾出演电视剧《老爸老妈罗曼史》（*How I Met Your Mother*）］接受《人物》（*People*）杂志采访时说："我爸妈在跟我和我哥哥说话时，总是把我们当成普通人而不是婴儿。"（尽管他可能不记得当他还是个襁褓中的婴儿时，他的父母是如何跟他说话的。）他补充说，就他自己的孩子而言，"我在使用儿语时，不会用高人一等的语气与他们说话"。即使是专业的咨询家也批评了儿语。例如，著名咨询专栏"亲爱的艾比"（Dear Abby）作家艾比（Abby）将儿语形容为"烦人的"和"傲慢的"。此外，戈尔德（Gold）甚至将一篇杂志文章命名为《儿语阻碍学习》(*Baby Talk Hinders Learning*)，他还专门指出儿语会阻碍语言发育。对儿语的攻击似乎卓有成效，因为许多人认为儿语是有害的。在我们的研究中，50% 的学生和 52% 的父母同意“婴儿期使用‘儿语’会造成语言发育迟缓”。

儿语真的会妨碍语言发育吗？几项趋同研究表明，儿语是无害的。研究表明，新生儿实际上更喜欢听婴儿指向型言语。听力受损的婴儿也会更关注儿语版的手语。有趣的是，当母亲开始用单一的声调说话时，与陌生人的声音相比，宝宝对母亲的声音的喜爱并没有更胜一筹。

一种可能性是，婴儿听到儿语时注意力更集中，看起来更快乐，这实际上会激励成年人使用儿语。也就是说，或许婴儿本身就能让成年人更频繁地使用儿语。然而，这种对儿语的偏好可能不会发生在每个年龄段。例如，四个月大的孩子更喜欢婴儿指向型言语，这种偏好在婴儿约九个月大时就会消失。一些研究表明，婴儿之所以更喜欢儿语，是因为他们更喜欢这种语言所表达出的快乐情绪，当成年人以愉快的语调使用成人指向型言语时，婴儿对儿语的喜爱与成人语相比，往往也没有更胜一筹。除了所传递的快乐情绪，儿语还有哪些组成部分吸引了婴儿的兴趣呢？想要解开这一谜题，还需要更多的研究。

即使有确凿的证据表明婴儿更喜欢儿语，也不足以表明儿语是无害的。然而，其他研究实际上已经发现了儿语学习的一些积极影响。例如，在一项研究中，七个月大的婴儿会接触到两个单词：

一个用儿语传递，另一个用成人语传递。24 个小时后，当使用儿语传递这个单词时，婴儿能更好地识别出这个单词（通过听力时间来衡量）。另一项研究表明，如果使用儿童指向型言语中的某些元素进行教学，那么即使是成年人也能更好地掌握一门新的语言。

虽然几乎没有明确的证据证明婴儿通过儿语可以学到更多，但上述研究以及其他类似的研究往往都得出了这样的结论：婴儿从儿语中学到得更多而不是更少。瑟德斯特伦（Soderstrom）在总结这项研究时说道，儿语是“有益的，而不是有害的——或者至少是中立的”，对于儿语的整体研究来说，这似乎是一个公正的评价。因此，“儿语阻碍语言发育”这一说法本就是一个迷思。

现有的证据和理论都表明儿语对婴儿有益，为什么还有这么多人认为儿语不利于语言发育呢？有一个关键点就是，停止使用儿语的时间。我们首先应该承认，停止使用儿语可能是一个渐进的过程，可能有些元素比其他元素持续的时间更长。例如，当婴儿成长为幼儿时，成人说话的音调可能会逐渐降低到正常水平（即儿语的这一方面正在衰落），同时，孩子可能会从新学到的单词中推导出更多童稚趣语（如“便壶”“晚安”“毯子”“奶嘴”“娘娘腔”）。在某些时候，这些类型的词会再次减少。

当然，如果许多父母经常过多地使用儿语，这时儿语就不再有任何益处，但这并不意味着儿语本身是有害的。如果一个孩子使用儿语的频率比同龄人高，那么同龄人花很短的时间就能帮助这个孩子形成更成熟的说话方式。从我们与年轻人一起工作的经验可以清楚地看出，孩子们从其他孩子那里学到了很多成熟的言语。即使是听到很多儿语的婴儿，通常也会接触到许多成人指向型言语。也就是说，婴儿听到的大多数语言都是成人指向型的，因为当成年人互相交谈时，他们也能听到。

《儿语阻碍学习》（*Baby Talk Hinders Learning*）一文有助于解释为什么这么多人不信任儿语。文中的研究表明，当看护人使用更复杂的语言时，儿童在语言测试中的得分往往更高。然而，文章中的假设存在一些问题。首先，文章重点关注学龄前儿童，但文章标题似乎是在谴责所有类型的儿语。其次，这篇文章的研究依据并没有真正探讨儿语本身，而是语言的数量和复杂性。最后，研究具有相关性，而心理学迷思之源之一就是错误地认为可以从相关研究中得出缘由。当两个变量相关时，这种联系其实往往还有很多根源。例如，基因可能影响啰唆这一特征，因此说话啰唆的父母更有可能生育说话啰唆的孩子，因为语言基因是可以传递的。此外，父母抚养子女的环境通常与父母童年时的环境（如同一学区）相似，这种环境可能会以类似的方式影响父母及其子女的语言发育。

专门关注儿语各个方面衰退年龄的研究真没有多少，但父母喜欢使用儿语与婴儿交流是正常的。每个人都会形成与宝宝交流的独特风格，而且与宝宝交流的正确方式不止一种。最重要的是要做到这一点：与宝宝交流。

在《宋飞正传》这部电视剧中，宋飞和克雷默最终“看到宝宝”时，就是否使用儿语产生了分歧。克雷默用一种音调非常高的声音说："咕叽，咕叽，咕叽，咕。"当宋飞与宝宝说话时，他用一种单调的声音说："嘿，你好吗？"后来，他又告诉宝宝："你这地方真不错。"这两种与宝宝互动的方式都没问题，也不会伤害宝宝。事实上，对宝宝来说，变换多种交流方式可能才是最佳选择。父母们不必过于纠结是否应该使用儿语与婴儿交流；相反，他们只需享受与宝宝互动的乐趣即可。

你需要知道的

美国言语语言听力协会（American Speech-Language-Hearing Association，ASHA）给了父母一些可以促进 0~2 岁孩子语言发育的建议：

- 通过眼神接触和言语回应来鼓励宝宝试着开口说话；
- 模仿宝宝的面部表情和笑声；
- 鼓励宝宝模仿手指游戏和其他动作；
- 利用各种场合进行交谈，例如吃饭和洗澡的时候；
- 加入手势，如挥手告别；
- 扩展宝宝的语句；
- 提问时要提高音调；
- 经常与宝宝一起阅读或简单地描述书中的图片。

ASHA 还给出了针对 2~4 岁孩子的建议，比如，在同一句话中，把单词的小词形式（如"din-din"）与单词的初始形式（如"dinner"）联系起来，从而淡化儿语。因此，尽管在孩子出生后的头几年里儿语的使用情况与 ASHA 的建议不谋而合，但儿语终究会逐渐消失。对父母来说，另一个有用的资源是《婴儿如何说话：生命头三年的语言魔力与奥秘》（*How Babies Talk: The Magic and Mystery of Language in the First Three Years of Life*）。

▼ 迷思 18
疫苗导致孤独症发病率上升

“无情的漠视”“被撤销的文章”“违背道德”，这些只是你将在有关这个迷思的部分读到的部分挑衅性短语。事实上，本章可能涵盖了本书中争论最激烈、最热门、最生死攸关的迷思。然而，在我们探讨这一争议之前，需要先来明确一些基本信息。

最新版的《精神疾病诊断与统计手册（第 5 版）》（*Diagnostic and Statistical Manual of Mental Disorders-V*，*DSM-V*）将先前的一些疾病（即孤独症、阿斯佩格综合征和其他两种疾病）合并为一个类别，现在被称为“孤独症谱系障碍”（autism spectrum disorder）。这种变化反映了这样一个观点：这些疾病总是相伴相生。为了适应这一变化，诊断标准也需要一些调整，比如以下两个主要诊断标准：

- 社会交流中的障碍；

- 重复的行为或爱好。

DSM 的每个新版本都会出现这样的重大变化。例如，在上一次大规模修订期间，阿斯佩格综合征于 1994 年被添加到 *DSM* 中，而这一变化本身扩大了孤独症谱系。事实上，直到 1980 年，孤独症才被添加进去（被称为“婴儿孤独症”）。在 1980 年之前，“孤独”行为被归入儿童精神分裂症。

我们简短地讨论了有关 *DSM* 的修订，是想说明以下几点：

- 孤独症谱系障碍是 *DSM* 中相对较新的版本；
- 孤独症的诊断标准在不断变化；
- 孤独症诊断变得越来越容易。

作者在揭示“最近婴儿孤独症大爆发”这一迷思时进一步补充说道，孤独症越来越引起了专业人士和家长的重视，这也导致了确诊病例的增加（从现在开始，“孤独症”一词将代表当前“孤独症谱系障碍”的叫法，以及此谱系上的疾病过去的叫法）。疾病控制中心称，2000 年的数据表明，每 150 名儿童中就有一名儿童符合孤独症谱系障碍的标准，到 2010 年，这一数字上升到每 68 名儿童中就一名儿童符合标准。

孤独症谱系障碍在很大程度上是由基因引起的，尽管环境显然起着重要的作用，但我们对其知之甚少。然而，确诊率提高导致许多人去寻找除基因以外的其他原因，包括孤独症宽泛的定义，以及人们对这种疾病的认识不断加深。女演员、脱口秀《观点》（*The*

View）的搭档主持人之一珍妮·麦卡锡（Jenny McCarthy）曾提出一个有名的观点：疫苗导致孤独症发病率上升。在她的儿子被诊断患有孤独症后，她就得出了这一结论，因为“随着疫苗数量的增加，孤独症的发病率也随之上升”。有趣的是，在她的儿子接种MMR疫苗（麻疹、腮腺炎和风疹的联合疫苗）之前，麦卡锡问儿科医生：“这难道不是孤独症疫苗之类的东西吗？”

虽然麦卡锡之前的儿科医生告诉过她，疫苗和孤独症之间没有联系，但她已经开始寻找与她观点一致（即也认为二者存在关联）的医生。其中一位医生是杰里·卡齐诺（Jerry Kartzinel），他也表示MMR疫苗导致自己的孩子患上孤独症。此外，麦卡锡也受到了安德鲁·韦克菲尔德（Andrew Wakefield）等医生的影响。根据对12名儿童的研究，韦克菲尔德及其同事将孤独症与MMR疫苗联系起来。正如韦克菲尔德等人所述：

在八名儿童中，父母或医生将孩子行为问题的发生与接种MMR疫苗联系起来。其中五人在免疫接种的初期就产生了不良反应（皮疹、发热、谵妄），还有三例有抽搐症状。在这八名儿童中，从接种到首次出现行为异常症状的平均间隔为6.3天（范围1~14天）。

从这篇文章的引语可以看出，这种“孤独症－疫苗”联系既不是通过任何类型的对照实验，也不是通过大到足以推断疫苗接种与症状发作之间存在显著关系的儿童样本建立起来的。这种联系的建立是基于父母或医生注意到孩子在接种疫苗后不久就开始出现孤独症症状。乍一看，人们会发现这看起来多么像是一个值得研究的关联模式。

实际上，自韦克菲尔德的文章发表以来，不少研究相继开展，涉及数千名儿童。例如，丹麦有超过 50 万名儿童参与了研究，82% 的儿童接种了 MMR 疫苗。这项研究比较了接种疫苗的儿童（平均年龄 17 个月大）与未接种疫苗的儿童的孤独症发病率。总体而言，两组的孤独症发病率接近，这有力地证明了 MMR 疫苗不会引发孤独症。此后的许多研究报告都有类似的发现。事实上，最近的一篇元分析（这是一项更大型的研究，结合了其他几项研究的成果）得出结论：MMR 疫苗与孤独症之间没有联系。

《孤独症的假先知》（*Autism's False Prophets*）一书的作者保罗·奥菲特（Paul Offit）表示，如果一种"孤独症 – 疫苗"理论败下阵来，反疫苗人群就会迅速将注意力转移到一个新的假设上。因此，还有一种理论认为，实际上是疫苗中的防腐剂，而不是疫苗本身引发了孤独症。其中一种防腐剂叫作硫柳汞（Thimerosal），含有极少量的汞。由于任何人汞中毒后都会出现问题症状，因此有理由怀疑是硫柳汞中少量的汞导致儿童出现问题。这种担忧也促使疾病控制中心不建议在疫苗中使用硫柳汞。尽管如此，即使疫苗中的汞含量显著降低，孤独症发病率也在继续上升。研究也一致表明，硫柳汞与孤独症之间没有联系。接下来，假设再次发生改变，一些人认为是好几种疫苗共同引发了孤独症，而不是任何单一疫苗。然而，这一假设随后也被研究推翻。

在韦克菲尔德等人的研究中有 13 位共同作者，其中 11 位发表声明收回了之前的解释，即“在数据不足的情况下，就在 MMR 疫苗和孤独症之间建立起因果联系”。这时“孤独症 – 疫苗”假设真正变得明晰。在未收回解释的两位作者中，一位无法取得联系，另一位就是安德鲁·韦克菲尔德。即使期刊的编辑们实际上已经撤回了原来的文章，韦克菲尔德也依然继续支持这篇文章。我们发现，现在很难在网上看到这篇已撤回的文章，因为每页上都只有“已撤回”几个红色大字。

在一项法律裁决中，韦克菲尔德开展研究的方法被认为是不道德的，部分原因是他没有公开研究的资金来源，之后这篇文章就被撤回了。正在起诉 MMR 疫苗制造商的家长们聘请了一个律师团，而韦克菲尔德的资金来源正是这些律师团。此外，判决认为他让实验中的儿童经历了不必要且痛苦的治疗，这种行为充满了“无情的漠视”。尽管韦克菲尔德的研究存在各种问题，但珍妮·麦卡锡依旧继续支持他，她甚至在韦克菲尔德书中的前言写道：“我的孩子在接种疫苗后就患上了孤独症，我一直认为像安迪·韦克菲尔德这样的医生和科学家最终会帮助我们治愈孩子的孤独症。”

遗憾的是，在韦克菲尔德名誉扫地之前，事情已经变得不可挽回。媒体大肆宣扬这件事，再加上詹妮·麦卡锡的名人地位，世界各地的父母都非常担心疫苗的安全性。如今相信“孤独症 – 疫苗”联系的人仍然很多。最近的一项研究调查了 400 多名孤独症患儿的父母。有趣的是，有 12% 的父母表示“疫苗引发孤独症是众所周知的事情”。虽然这个比例并不是太高，但 68% 的父母表示疫苗“可能会引发孤独症”，而 75% 的父母对基因可能引发孤独症的怀疑是正确的，前者仅仅略低于后者。这项研究还有一个有趣的地方，我们也实在不想放弃报告这些结果的机会。具体来说，16% 的父母表示他们是从珍妮·麦肯锡那里获取了“孤独症潜在病因的相关信息”，这个比例高于从安德鲁·韦克菲尔德（10%）和保罗·奥菲特（4%）那里获取信息的比例。最近还有一些研究表明，49% 的孤独症患儿的父母认为疫苗和孤独症存在关联。在我们的研究中，23% 的学生和 24% 的父母（总体上）同意“疫苗是引发孤独症的常见原因”。

一些心理学迷思之源解释了为什么很多人认为疫苗和孤独症之间存在联系。第一是误导性媒体，新闻节目打着“平衡”报道的幌子，往往给予辩论双方相同的时间，即使证据有力地驳斥了韦克菲尔德一方的观点。在《伪科学：庸医、黑客，以及大型制药公司》（*Bad Science: Quacks, Hacks, and Big Pharma Flacks*）这本书的第 12 章中，作者本·戈尔达莱（Ben Goldacre）认为，媒体在很大程度上是导致疫苗恐慌的罪魁祸首。第二，当父母察觉到孤独症症状时，他们经常使用“后发者因之而发”的推理逻辑（“某事在此事之后发生，所以某事的起因就是此事”）。也就是说，父母通常是在孩子一到两岁之间开始注意到孤独症症状，这也恰好发生在孩子接种 MMR 疫苗的时候。第三是珍妮·麦卡锡声称孤独症发病率的上升与疫苗数量的增加有关，她在书中用一张图表展示了这种关系；然而，相关性并不等于因果关系。我们利用相同的逻辑创建了一个非常相似的图表（见图 2–2），这个图表展示了孤独症确诊病例的提高与斯蒂芬·科尔伯特（Stephen Colbert）电影事业的成功相关。因此，斯蒂芬·科尔伯特的成功可能导致了孤独症发病率上升！

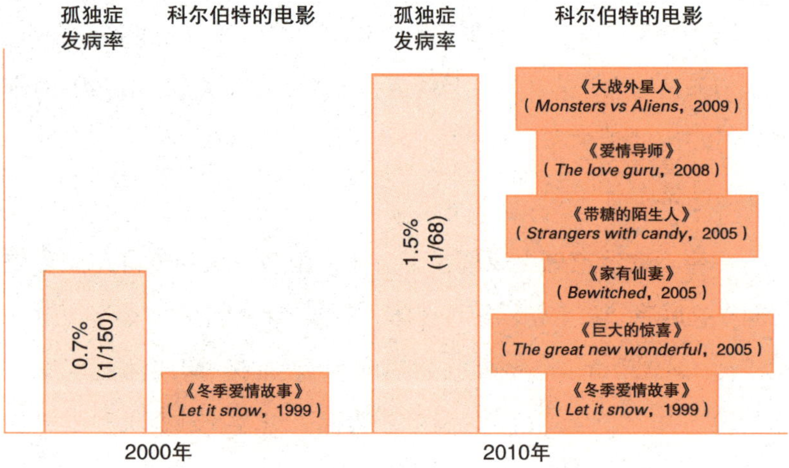

图 2–2 孤独症发病率与斯蒂芬·科尔伯特电影的成功呈正相关

疾病控制中心（n.d.a）报告说，在 2000 年，每 150 名儿童中有一名（近 0.7%）儿童符合孤独症的诊断标准。这些数字在 2010 年之前的几年中大幅增加，此时科尔伯特出现在多部电影中。

遗憾的是，对这个迷思深信不疑可能会产生致命的后果。麻疹是最致命的儿童疾病之一，2011 年，世界卫生组织估计麻疹死亡人数为 157 700 人。由于 MMR 疫苗在发达国家取得了成功，因此这些死亡事件通常发生在没有广泛接种疫苗的国家。流行性腮腺炎、风疹和其他可以通过接种疫苗预防的疾病也是非常危险的。不幸的是，“孤独症－疫苗”这个迷思可能会阻碍发展中国家的儿童接种疫苗。

此外，一些家长选择不给他们的孩子接种疫苗，甚至在发达国家也有这种情况。这种选择不仅使他们的孩子面临着感染这些危险疾病的风险，而且还会让其他人置于危险之中。也就是说，宝宝只有接种疫苗才能免受这些疾病的困扰，所以他们也期望其他人都接种疫苗，这样自己才不会接触到这些疾病。最令人不安的是，最近爆发的几起疾病其实都是可预防的。例如，疾病控制中心的报告显示，2013 年，美国有 100 多人患麻疹，而这一年是“自 2000 年麻疹被消灭以来，美国麻疹确诊病例第二多的年份”。腮腺炎和其他致命疾病也有类似的爆发情况，而源头通常可以追溯到未接种过疫苗的儿童。

在这个迷思中，珍妮·麦卡锡在某种程度上成了众矢之的。我们认为过多地责备她也有失公允。如果没有杰里·卡齐诺和安德鲁·韦克菲尔德等医生的支持，父母们可能也不会太关注麦卡锡。平心而论，在极少数情况下，儿童确实会对接种疫苗产生负面反应（但不是孤独症），因此，父母最好与儿科医生交流，了解潜在的副作用。

最后，利林菲尔德等人给出了最后一个两难困境，这是本次辩论的重要组成部分。“科学很难举反证”，也就是说，虽然证明孤独症和疫苗之间存在联系的研究都彻底失败了，但是没有研究可以调查清楚世界上每个孤独症患儿的得病原因。尽管我们有充分的证据表明孤独症主要受基因影响，但也应继续研究潜在的环境因素。

你需要知道的

应用行为分析（applied behavior analysis，ABA）已被确定为治疗早期孤独症的综合方法。从广义上讲，应用行为分析是一种强化干预，治疗师制订一个全面的治疗计划，系统地强化特定的适应性行为（例如，通过使用语言来索要一件物品），从而替代不良的行为（例如，通过使用暴力来获得一件物品）。社交沟通技巧是应用行为分析疗法中的重中之重，这种分析疗法也可以有助于改善许多其他行为（如日常生活技能、休闲技能）。应用行为分析特定的循证变体包括但不限于洛瓦斯方法（Lovaas approach）及核心反应训练（pivotal response training）。此外，美国国家孤独症谱系障碍专业发展中心（The National Professional Development Center on Autism Spectrum Disorders）已经认证了许多有研究依据的特殊战略，可作为应用行为分析疗法计划的一部分，它们的官网（www.autismpdc.fpg.unc.edu）提供了许多有用的最新信息，包括但不限于图片交换交流系统、功能行为评估和任务分析。想要学习如何开展应用行为分析疗法项目，《孤独症幼儿的行为干预：家长和专业人员手册》（*Behavioral Intervention for Young Children with Autism: A Manual for Parents and Professionals*）是最佳资源之一。

速解迷思

▼ 迷思 19
使用兴奋剂取得良好效果可以证明孩子患有多动症

利他林（Ritalin）和阿德拉（Adderall）等兴奋剂药物有利于短期改善 ADHD 患儿的注意力。这种效应导致一些人得出这样的结论：如果孩子使用兴奋剂取得良好效果，那么他们肯定患有 ADHD。然而，有两个重要研究打破了这一错误认知。首先，兴奋剂药物对约 70%~80% 的 ADHD 患儿有帮助，这意味着对于多达 30% 的 ADHD 患儿来说效果并不明显。其次，兴奋剂药物“在任何人身上作用都是相似的，不论是否患有 ADHD，都可以帮助大多数儿童和成人更好地集中注意力”。总之，兴奋剂药物的有效性或无效性不应该被用于确认或推倒对 ADHD 的诊断。因为兴奋剂药物也适用于未患有 ADHD 的儿童，所以一些未被确诊为 ADHD 的儿童也正在服用兴奋剂药物，以帮助他们在备考 ACT 或 SAT 等测试时集中注意力。儿童神经病学学会（Child Neurology Society）等组织曾发表过一份立场声明，强烈抵制这种被称为“儿科神经增强”（pediatric neuroenhancement）的做法。

▼ 迷思 20
要求孩子“光盘”可培养健康的饮食习惯

“光盘行动”是一场旨在节约粮食的运动，诞生于第一次世界大战期间，那时美国举全国之力保护资源，剩饭被认为是一种不爱国的表现。今天，许多家长仍然鼓励孩子吃光盘子里的食物。然而，与 1917 年相比，如今食物的份量要大得多，这使得“光盘行动”的理念带有一定的风险。研究表明，孩子暴饮暴食与父母经常教导他们“吃光盘子里的食物”之间存在关联，所以父母最好还是告诉孩子，“吃饱了就不要再吃了”。

▼ 迷思 21
阅读障碍症的典型特征是翻转字母

利林菲尔德等人揭示了“阅读障碍的定义特征是字母颠倒”这一迷思，他们提供了几条反驳这一迷思的证据。例如，对于那些正处于阅读萌芽阶段的读者来说，翻转字母是很常见的现象；目前研究还没有发现，与其他儿童群体相比，翻转字母问题在阅读障碍患儿的身上更常见。此外，在阅读障碍患儿所犯的错误中，只有一小部分可以归咎于翻转字母问题。尽管有些阅读障碍患儿可能会颠倒字母，但更多的阅读障碍患儿通常不会颠倒字母，仅凭翻转字母的行为并不能断定孩子是否有阅读障碍。因此，在电视剧《考斯比一家》（*The Cosby Show*）中，克莱尔·赫克斯特布尔说西奥的阅读障碍可以被简单地定义为“一种人们反着看字母或者颠倒字母顺序的疾病”，这种说法并不完全正确。

▼ 迷思 22
大多数宝宝可通过使用合适的学习产品学习阅读

在 2012 年 8 月之前，你可能已经接触过一些宣称自己的产品可以教宝宝如何阅读的广告。罗伯特 · 蒂策（Robert Titzer）曾推出过一款名为“你的宝宝能识字”（Your Baby Can Read！）的产品，此产品在2008年至2012年的总销售额约为1.85亿美元。广告声称，可借助此产品提供使用识字卡、图书和视频来教三个月左右宝宝如何阅读。广告还声称，有研究证明此产品是有效的。不过，美国联邦贸易委员会可不这么认为——蒂策最终因虚假宣传达成了一项价值 1.85 亿美元的法律调解。虽然有些孩子可以在很小的时候学会阅读，但没有研究表明仅用一件阅读产品就可以教会一名普通婴儿如何阅读。

▼ 迷思 23
做健脑操可以促进儿童学习

教育肌动学（educational kinesiology）的原理是，某些运动可以激活大脑从而促进学习。健脑操（BrainGym）是教育肌动学的一个著名的分支，目前越来越受到欢迎。健脑操中的“运动”类型包括但不限于：故意打哈欠、用手指追踪想象的符号，以及在地板上爬行。之所以这么做，是因为据说这些运动可以改善大脑不同部分之间的协调功能（如从前到后）。经过广泛的文献检索，海厄特（Hyatt）发现只有五项经过同行评议的健脑操研究，而且这些研究还存在许多严重的可信度问题和方法问题。例如，在其中一项研究中，作者也是该研究的参与者之一。大多数其他研究都发表在同一期刊上，只要作者付费就可以在这一期刊上发表作品。总体而言，海厄特说：“这些研究显然不能支持健脑操动作可以有效促进学习这一说法。”

▼ 迷思 24 促进性沟通对孤独症儿童十分有效

许多孤独症儿童从未说过话。然而，他们经常能够学习使用辅助沟通（augmentative communication），如语音输出沟通装置。通过语音输出沟通装置，儿童按下图片或字母，装置输出单词。这些设备对于许多儿童来说是绝佳资源。然而，还有一种被称为“促进性沟通”（facilitated communication）的代用沟通装置，于20世纪的最后几十年发展起来。通过促进性沟通，孩子们指着字母拼写单词，就像之前提到的辅助沟通。然而，促进性沟通和有效的辅助沟通之间最大的不同在于，促进性沟通需要成年人在沟通期间握住孩子的手。也就是说，成年人会“扶稳”孩子的手，因为人们普遍认为孩子的精细动作控制能力较弱。通过使用这种方法，以前从未说过话的孩子会突然用句子交流。遗憾的是，一项严谨的研究表明，在实验过程中，成年人实际上是在控制孩子的手。

成年人的控制有时可能是故意的，然而，一些研究也提出了一种“念动反应”（ideomotor response）。在念动反应中，成年人要求孩子拼出单词，而他们甚至没有意识到自己是在控制孩子，其原理类似于灵应盘（Ouija board）[①]。因此，尽管一些有效的辅助沟通形式确实存在，但促进性沟通并不属于其中之一。尤其令人担忧的是，促进性沟通曾被用来控告一些性虐待的成人。多亏了促进性沟通的怀疑者们，这种做法在 21 世纪才有所减少。遗憾的是，一种新的变体势头逐渐强劲。正如近些年的一篇新闻报道所描述的那样：“迅速激励法（rapid prompting method）帮助一名孤独症男孩敞开心扉。”与促进性沟通一样，迅速激励法需要孩子指向字母；然而，成年人通常会抓住字母表，而不是扶稳孩子的手。成年人还要决定孩子实际指向了哪个字母，哪些手指动作算作正规指向动作。迅速激励法还包括让老师坐在学生的右侧，据说这有助于左脑学习。由女演员凯特·温斯莱特（Kate Winslet）担任旁白的纪录片《一位母亲的勇气：对话孤独症》（*A Mother's Courage: Talking Back to Autism*）进一步推广了迅速激励法。

① 灵应盘在 19 世纪中期出现并成为一种室内游戏，当时招魂术和通灵术正盛极一时。——译者注

▼ 迷思 25
海豚辅助疗法可有效治疗有特殊需求的儿童

海豚棒极了，它们美丽、优雅、聪明，但它们能治病吗？在一次采访中，副教授、人类学家贝齐·史密斯（Betsy Smith）表示："海豚智商高，对残疾人的需求具有惊人的敏感度，它们显然非常享受非语言的自发游戏，这些因素使海豚成为理想的'伴侣治疗师'。"支持者认为，海豚辅助治疗（dolphin-assisted therapy，DAT）有助于改善有特殊需要的儿童的适应性功能（如语言和社交技能），如孤独症患儿、唐氏综合征患儿、脑瘫患儿等。关于海豚如何产生治疗效果有好几种理论，一种理论认为"海豚发出的超声波会对生物组织产生影响"。然而，科学证据驳斥了这种可能性。还有一些人声称，海豚拥有心灵感应（读心）的能力。在 2011 年的一项研究中，37 名有特殊需要的儿童的父母在预测试阶段完成了一份调查问卷。在他们的孩子接受海豚辅助治疗后，父母又完成了一份问卷，以此作为后测试阶段。根据后测试阶段的问卷，父母认为他们的孩子在其中的三个维度（共四个）中有进步表现，分别是：好斗 / 发泄情绪、不负责任 / 不专心，以及社交退缩。然而，马里诺（Marino）和利林菲尔德指出了类似研究中常有的严重缺陷。最大的缺陷包括：缺乏对照组，父母期望情况有好转，以及这种有趣的干预措施所带来的兴奋情绪。马里诺和利林菲尔德回顾了其他几项研究，结果非常令人担忧，他们还介绍了几个与研究设计相关的常见问题。

第3章 有关情绪和行为的迷思

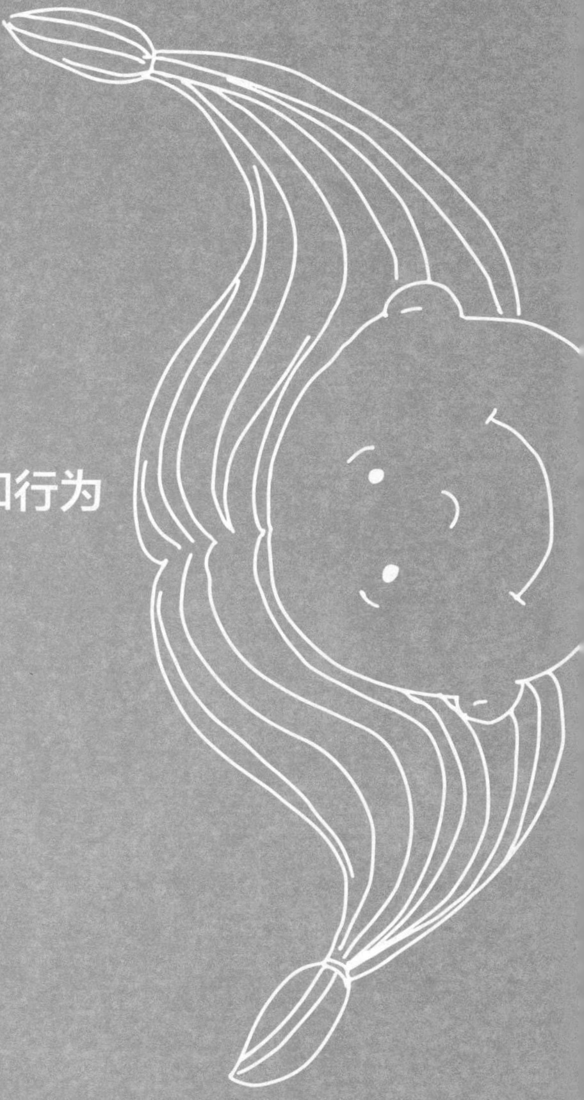

最受关注的迷思

▼ 迷思 26
尿床是情绪出现严重问题的征兆

育儿由一系列“第一”组成：迈出的第一步，说的第一句话，还有第一个干燥的睡眠之夜。如厕训练因文化和历史时期不同而差别巨大。有些文化会严格控制如厕训练时间，有些文化则表现出更为宽松的立场——人们相信，孩子只会在父母等人的适度鼓励和支持下才能达成这一里程碑式的成就。

学会整晚控制膀胱可能是如厕训练最具挑战性的方面之一。因为学龄前儿童尿床是很常见的，所以五岁及以上的儿童才能被确诊有尿床问题，或者被称为夜间遗尿症。此外，如果尿床问题是由身体状况导致的，就不会被诊断为夜间遗尿症。然而，当发生尿床问题时，许多父母都会担心尿床反映了儿童潜在的情绪或心理问题。

目前，父母对尿床的担忧可能源于西格蒙德·弗洛伊德的理论。弗洛伊德是一位医生，也是精神分析的创始人，他提出儿童的成长是基于他们在性心理成长的各个阶段取得的里程碑式的成果。

在《性学三论》（*Three Essays on the Theory of Sexuality*）一书中，弗洛伊德描述了“幼儿手淫”（infantile masturbation）的三个阶段，他认为尿床的意义类似于夜间遗精（即梦遗）。在这部著作和其他著作中，弗洛伊德经常将过度手淫与后期的神经症联系起来。关于尿床，弗洛伊德说：“在这一阶段，所谓的膀胱障碍多数都是性欲的紊乱：非癫痫症引发的夜间遗尿就相当于遗精。”在著名案例“少女杜拉的故事”（Dora: An Analysis of a Case of Hysteria）中，弗洛伊德说：“据我所知，这种尿床情况最可能的原因就是手淫，这种习惯的重要性在尿床的病源学中尚未得到足够的重视。”在弗洛伊德的分析中，杜拉最终被诊断为歇斯底里症，而尿床和手淫行为（杜拉承认这两种行为自己都有）就是早期症状。在那一时期，各种情绪问题常被确诊为歇斯底里症［hysteria，来自词根“hystera”（子宫）或“uterus”（子宫）］，更常见于女性。

直到20世纪，弗洛伊德的追随者一直在继续探究尿床和情绪问题之间的联系。例如，在一篇关于精神分析评估和遗尿症治疗的述评中，密西拿（Mishne）指出：“那些将夜间遗尿症视为情绪困扰症状的人（精神分析理论家）得出的结论是，尿床或许可以被解释为孩子的心理学反应；这种反应既源于家庭情感状态，更源于有缺陷的母子关系。”密西拿分析了这种精神分析理论，即尿床暗示了以后的双性恋身份，因为“这种遗尿行为被认为既是主动的也是被动的，既是男性的也是女性的”，密西拿还补充说：“心理动力学视角（关于遗尿症）也强调了身体形象的扭曲、阉割幻想，以及性别鉴定矛盾。”哇！尿床听起来确实像是一个非常给力的预测器！

儿科医生本杰明·斯波克等人将注意力集中在儿童的一般焦虑上，他们认为这才是导致尿床的原因。他们指出，“快乐外向的孩子很少一直尿床”，尿床最可能的原因是“孩子紧张”。具体来说，斯波克博士提出了一些可能造成这种紧张感的原因：刚搬进一所新房子，参加令人兴奋的生日聚会，感受到学业压力，处理手足间的竞争，或者家里又添了一个小宝宝。在最后一个例子中，孩子“在睡梦中渴望回到美好的旧时光，那时他还是个婴儿，母亲毫无怨言地满足他所有的身体需要，自己也没什么烦恼”。正如你所料，斯波克受到了弗洛伊德理念的影响。

然而，考虑到历史的广度，心理问题导致尿床的说法让人既惊讶又新奇。事实上，在大多数有记载的历史中，许多文化都认为夜间尿床有某种生理原因，类似于今天医学界所持有的观点。例如，在《遗尿症历史》（*An Historical Account of Enuresis*）中，格利克里奇（Glicklich）指出：“遗尿症何时成为一个医学问题尚不清楚，但自公元前 1550 年的《埃伯斯纸莎草书》（*Papyrus Ebers*）时代以来，它已经被认为是一种需要治疗的儿童疾病。”有趣的是，作者指出，古埃及人治疗失禁时需要用到杜松子、莎草属和啤酒。15 世纪到 19 世纪的治疗方法还包括：食用或饮用各种植物或动物产品制成的补品，改善儿童的饮食和锻炼计划，或让孩子在睡前避免饮酒。此外，他们还采用了许多更加不寻常的、有时甚至是痛苦的疗法，包括让生殖器部位起水泡，或是穿着各种机械装置（如穿在裤裆周围的铁轭）。到了 19 世纪，在弗洛伊德之前，大多数儿科治疗专家都认为遗尿是由某种生理问题引起的，包括孩子睡觉很沉，局部肌肉控制不佳或睡前常规活动不良。因此，在弗洛伊德之前，专业人员对尿床的原因有着更乐观的看法（但在处理方法方面有着更糟糕的想法）。

然而，弗洛伊德的理念继续影响着今天许多人的想法。在我们的研究中，43% 的学生和 43% 的家长同意“经常尿床的孩子往往存在潜在的情绪问题”。一项关于父母为尿床的孩子寻求治疗方法的研究报告称，25% 的父母认为“如果他们（父母）再加把劲儿，孩子或许就能控制住自己不尿床了”。同样，另一项调查发现，只有 62% 的父母未能真正认识到遗尿有身体原因，26% 的父母尤其相信尿床有心理原因。

两篇关于尿床原因研究的述评发现，有频繁尿床史的儿童往往有夜间尿量过多的问题，膀胱或者控制膀胱排尿的肌肉出现功能障碍的可能性更大。此外，一些研究人员提出睡眠觉醒障碍（睡得很沉）可能导致尿床。因此，医学研究已经发现了多种关于尿床的生理学解释，其中一位专家就这一主题给出了明确的结论：研究界普遍放弃了精神分析的推测，即遗尿是因为儿童有思想或情绪问题。

尽管有许多关于尿床的生理学解释，但研究对于潜在的情绪问题有何具体说明呢？最初的研究问题是，检查尿床的儿童是否更容易出现严重的情绪问题。为了回答这个问题，弗里曼（Friman）

及其同事向以下三组儿童的父母发放了一份儿童行为问题调查问卷：尿床的儿童、有临床行为缺陷的儿童，以及没有问题的对照组儿童。这项研究控制了儿童的年龄和性别等潜在的混杂因子。结果表明，与尿床组和对照组相比，临床组有更多且更严重的问题。研究者得出结论：有频繁尿床史的儿童未必有显著的临床行为共病。

在另一项研究中，弗格森（Fergusson）和霍伍德（Horwood）花了超过 15 年的时间追踪调查了一群新西兰的孩子。当他们调查尿床与行为问题之间的关系时，他们发现尿床与 ADHD 症状及焦虑和行为问题的相关性非常小。当研究人员控制了更重要的变量（如家族尿床史和社会经济地位）时，尿床和情绪行为问题之间的关联进一步减弱。研究者得出结论：夜间膀胱控制延迟或障碍，和后期思想变化之间的关联通常非常微弱，并且几乎没有证据表明，有这些问题的儿童到了青春期后患心理疾病的风险会显著增高。

虽然弗格森和霍伍德的研究表明，严重的潜在情绪问题并不会导致尿床，但其他研究发现，这种关系实际上可能是颠倒的。换句话说，尿床本身可能会对孩子造成一些压力。为了了解孩子对尿床的看法，巴特勒（Butler）和赫伦（Herron）向数千名九岁儿童发放了关于尿床的问卷调查。在 21 种可能遇到的童年问题中，尿床的困难指数排名第八，并且排在经常生病、忧虑和害羞等问题之前。难怪尿床可能会给儿童造成痛苦。因此，人们可能会猜想，尿床儿童在接受有效的治疗之后，痛苦就会减少。一项随机对照研究调查了这种可能性，该研究将正在接受尿床治疗的儿童与对照组中等待治疗的儿童进行对比。研究者根据他们的研究结果得出结论：儿童接受治疗后痛苦会减少。

像本书中的许多其他迷思一样，人们可能想知道：这有什么大不了的？如果有人认为尿床是由心理问题引起的，那么这会带来什么后果？这种想法真的会害人吗？准确诊断出尿床原因应该会直接引出循证治疗。如果孩子的父母和医生认为孩子尿床是由心理问题引起的，那么这可能会带来不必要的心理治疗，不仅浪费时间、金钱和精力，还会导致孩子承受过多的责备，从而产生更强烈的羞耻感和窘迫感。

电影《最孤独的长跑者》（*The Loneliest Runner*）中讲述了一个戏剧性的例子——因尿床产生不必要的羞耻感。据了解，这部电影就是由导演、编剧迈克尔·兰登（Michael Landon）根据自己童年时期的尿床问题而制作的。在电影中，主角的母亲认为尿床是软弱和懒惰的象征，她把儿子尿湿的床单挂在卧室窗户外，让所有的邻居都可以看到。电视节目《鸭子王朝》（*Duck Dynasty*）的主角威利·罗伯逊（Willie Robertson）和考瑞·罗伯逊（Korie Robertson）在自传《鸭司令家族》（*The Duck Commander Family*）中描述了类似的情景。威利·罗伯逊在书中写道："父亲过去常常逮到我尿床，并威胁要打我……"

说唱歌手吹牛老爹［"P Diddy"，原名肖恩·科姆斯（Sean Combs）］曾公开表示，他为自己克服了尿床而感到骄傲。他与脱口秀节目主持人艾伦·德詹尼丝（Ellen DeGeneres）分享时说道：

“我小时候一直探索治疗不尿床的方法，在朋友家过夜的第一天，我没有尿床，这是我生命中最美好的日子之一，我今天的自信就是拜它所赐——因为我不再尿床了。”尿床终于不再象征性格缺陷或者根深蒂固的情绪问题；相反，它需要循证治疗及人们的同情。

你需要知道的

尿湿报警器是一项有研究依据的尿床干预措施。莫勒（Mowrer）研究过这种类型的装置，而这项研究是最早的应用行为治疗研究之一。尿湿报警器由一个连接在儿童内裤上的小型传感器组成。报警器是为了在排尿时唤醒孩子，据说可以通过经典性条件反射起作用，在这种条件下孩子开始将膀胱膨胀的感觉与需要起床联系起来。吉姆佩尔（Gimpel）及其同事对此这样述评：“遗尿警报器可能是原发性夜间遗尿症（primary nocturnal enuresis，PNE）最有效的治疗方法，成功率估计高达 70%……”此外，研究发现，要想拥有长期疗效，尿湿报警器比药物治疗更为有效。虽然从长期来看尿湿警报器似乎是最有效的治疗方法，但实施起来存在许多障碍。由于使用尿湿警报器必然会干扰睡眠，因此父母和孩子必须具有足够的动力和耐心，否则治疗可能会过早中断。不过，尿湿报警器还有一个很明显的优点——价格比药物治疗低。

▼ 迷思 27
针对抑郁症患儿的大多数抗抑郁药均获得 FDA 批准

如果这些天你注意到鱼看起来更快乐了，那么这可能与抗抑郁药物中的化学物质有关。

鱼是怎么获得抗抑郁药的呢？美国人服用的抗抑郁药太多了，以至于如盐酸氟西汀（其最常见的商品名为“百忧解”）这样的化学物质通过污水系统从人类的尿液排到了湖泊和河流中。这一消息来自一篇新闻报道——《在蓝鳃太阳鱼体内发现了抗抑郁药》。

据世界卫生组织估计，全球有超过 3.5 亿人有临床抑郁症，已成为全球致残的主要病因之一。虽然青少年和成年人的抑郁症发病率更高，但一项关于美国 8~15 岁儿童的研究发现，近 4% 的儿童患有抑郁症，其中大多数儿童有重度抑郁。遗憾的是，在过去一年里，这些儿童中只有不到一半的人接受了治疗。随着孩子年龄的增长，抑郁症变得更加普遍，美国药物滥用和精神卫生服务管理局（Substance Abuse and Mental Health Services Administration）的一篇类似报告发现，到 17 岁时，抑郁症的确诊率会从 12 岁时的 4% 上升到 10% 以上，过去一年里只有三分之一的儿童接受了治疗。

为了解决这一重大的公共卫生问题，许多医生开了抗抑郁药物（如百忧解、西酞普兰和左洛复）。美国国家卫生统计中心（National Center for Health Statistics）最近开展了一项关于美国抗抑郁药使用情况的全国性调查。研究者发现，大约 11% 的美国人

（12 岁及以上）正在服用抗抑郁药，与大约 15 年前的使用量相比增加了近 400%。近 4% 的青少年（12~17 岁）正在服用抗抑郁药。尽管年龄更小的儿童使用抗抑郁药物的比例较难估计，但考克斯（Cox）及其同事发现，约有 0.5% 的 5~9 岁儿童和 1.4% 的 10~14 岁儿童在 2002—2005 年间接受了抗抑郁药治疗。尽管如此，这些比率可能正在下降，因为 1994 年的早期数据显示，10~14 岁儿童使用抗抑郁药的比率从卫生维护组织（HMO）登记的 1.5% 到医疗补助制度（Medicaid）负担的大约 3.5% 不等。调查 2 岁幼儿抗抑郁药使用情况的研究人员已经注意到这一年龄组的相关研究需要增加。

由于抗抑郁药通常被用于年轻人，因此许多人认为这些药物已获得美国食品药品监督管理局（FDA）的批准，儿童也可使用。在我们的研究中，68% 的学生和 68% 的家长同意“儿童使用的大多数抗抑郁药均获得了食品药品监督管理局批准”。尽管如此，在写作本书时，只有一种抗抑郁药氟西汀（众所周知的商品名是“百忧解”）被批准用于治疗儿童抑郁症。也就是说，其他常用的抗抑郁药都没有被 FDA 批准用于治疗儿童抑郁症。

FDA 的批准意义重大，原因有二。如果药物安全有效，就可获得 FDA 批准。因此，没有 FDA 批准则说明药物要么有安全问题，要么没有足够的研究证明其对于儿童的功效。2004 年，当 FDA 要求制药公司在给儿童和青少年开具的所有抗抑郁药品上添加“黑框”警告时，一个潜在的安全问题就成为焦点。这一要求是在 FDA 委员会和咨询委员会听取公众的证词之后出台的，并且它们还回顾了许多表明抗抑郁药使用与自杀率上升有关的研究。例如，一项元分析显示，与服用安慰剂相比，青少年在服用抗抑郁药时，产生自杀念头更多，自杀未遂率更高；然而，值得注意的是，分析所涉及的所有研究都没有自杀死亡的案例。尽管 FDA 的“黑框”警告并未使大多数抗抑郁药物成为儿童禁用药，但它确实注意到“不同药物所带来的自杀风险存在相当大的差异，但几乎所有的研究药物都呈现这样一个趋势，即年轻患者服用后自杀的比率上升”。英国药监机构（Medicines and Healthcare Products Regulatory Agency，MHRA）曾发表一份声明，更强烈地反对抗抑郁药的使用，几个月后这份 FDA 公告才得以面世。目前，英国药监机构建议医生提供两类抗抑郁药（如百忧解等）和 SNRI（如郁复伸等）。对于 SSRI，英国药监机构声称它们“不适用于儿童”，但氟西汀除外，而且“SNRI 不适用于儿童或 18 岁以下的青少年”。

自从这些“黑框”警告面世以来，不少人站出来批评了这一举措，理由是研究中存在明显的缺陷。然而，从那时起，有更周密的研究发现，与未服用抗抑郁药的对照组相比，服用抗抑郁药的儿童和青少年自杀未遂率增加了 52%。除了自杀之外，其他研究人员还调查了所谓的精神不良反应（psychiatric adverse events，PAE），如儿童情绪更低沉或行为更消极，以及这些不良反应与儿童服用 SSRI 抗抑郁药的关系。例如，威伦斯（Wilens）及其同事发现，22% 的样本有过一次精神不良反应，通常在接受 SSRI 治疗后三个月左右出现，孩子停止服用 SSRI 后很快就消失了。

那么，这些研究和 FDA“黑框”警告对医生和父母的选择产生了什么影响呢？一项大型研究显示，自 2004 年 FDA 出台“黑框”警告要求之后，在美国，青少年（13~17 岁）和青年（18~24 岁）抗抑郁药处方量显著下降，但 12 岁及以下儿童处方量未见减少。另一项研究发现，在 FDA 出台“黑框”警告要求后，大部分儿童（5~17 岁）抗抑郁药处方量也出现了类似的下降。然而，这项研究还显示氟西汀的处方量显著增加，而氟西汀是唯一获 FDA 批准允许儿童服用的抗抑郁药。虽然医生似乎在这两个相关问题上听取了 FDA 的意见，但这项研究的结果也表明，虽然 FDA 建议加大对这些年幼患者的监督，现实却不甚理想。

虽然大多数抗抑郁药已被 FDA 批准用于治疗儿童抑郁症的观点是不准确的，但 FDA 的一些批评者提出了担忧：实施“黑框”警告会使得抑郁症患儿拿不到急需的药物处方，这样做弊大于利。然而，大多数抗抑郁药是否能有效治疗儿童抑郁症，在医学界一直存在争议。例如，在张（Cheung）及其同事回顾了三项关于氟西汀有效性的大型研究后发现：与服用安慰剂的人相比，服用该药物的患者通常被临床医生认为抑郁症症状较轻，但儿童本身没有体现出这种改善迹象。对于未经 FDA 批准的抗抑郁药来说，有效性研究结果通常更糟。例如，三项关于帕罗西汀（如克忧果）的研究显示，药物治疗组与安慰剂服用组在主要疗效评价指标方面无显著差异。尽管一些作者注意到关于儿童抗抑郁药有效性的研究存在方法问题，但这些药物研究还有一个更严重的问题，即选择性发表的问题。这个问题是指，在抗抑郁药效用研究领域，正面结果比负面结果发表的可能性要大。例如，特纳（Turner）及其同事在《新英格兰医学杂志》(*New England Journal of Medicine*）上发表的一篇述评得出结论："不仅正面结果更容易发表，而且我们认为，那些得出负面结果的研究经常以一种暗示正面结果的方式发表。"医学研究院嘉兰（Garland）曾参与过一些关于儿童使用抗抑郁药的研究，他指出，研究人员"如果确实看到帕罗西汀的工业实验得出负面结果，保密合同就会要求他们禁止讨论这些研究"。遗憾的是，抽屉问题在大多数研究领域都很常见，即研究人员甚至没有尝试发表无重大发现的研究。但如果是合同要求如此，那么这将非常令人担忧。

最后，我们并不是说儿童不应该服用抗抑郁药；相反，父母应该知晓抗抑郁症药的固有问题，包括除了自杀问题以外的其他可能的副作用。事实上，我们对未来充满期待，希望父母能做出更优的治疗选择。而这一迷思可能会随时间而改变。也就是说，可能有一天孩子服用的大多数抗抑郁药均获 FDA 批准。幸运的是，在接下来的内容中将提供另一种选择。

你需要知道的

儿童临床抑郁症是一个非常严重的问题，需要细心和有效的治疗。因此，抑郁症患儿的父母应该与他们的医护人员密切合作，权衡每个治疗方案的风险和益处。但对于那些犹豫是否使用抗抑郁药的父母来说，还有一种有效的治疗方法——既可以代替药物，也可以和药物一起使用。认知行为疗法（cognitive-behavioral therapy，CBT）可能是最受关注的社会心理干预措施，目前也是各种青少年问题的治疗首选。抑郁症的认知行为疗法通常侧重于帮助孩子挑战不适应的思维模式，以及参与适应性活动。关于认知行为疗法的严格对照研究已经发现，认知行为疗法是一项适用于儿童和青少年的成熟干预措施。

父母们似乎很看好咨询，因为最近的一项研究发现，“一些家长一直在为孩子寻求心理健康治疗，在他们看来，咨询既有益，风险也小，而抗抑郁药物则是虽有益，风险却很大”。人们可能对认知行为疗法等心理治疗存在误解，认为治疗过程漫长且价格昂贵。例如，《辛普森一家》中就有一集，丽莎 · 辛普森的心理医生告诉她的父母：“多年的治疗费用不菲，但她会没事的。”然而，认知行为疗法通常只有 10 次疗程或者更少。事实上，最近一项关于社会心理疗法（主要是认知行为疗法）成本效益的经济学研究得出结论：“筛查儿童抑郁症的迹象和提供心理干预以预防重度抑郁症非常有价值。”

▼ 迷思 28
绘画包含用于识别潜意识问题的特定符号

在阅读这个迷思之前，你最好先认真画一张人物图。我们在下面留出了一些空间，当然，你也可以另找一张纸来作画。来吧，现在开始你的绘画吧！

本节将为你提供一些工具来解读你的画作。这种投射绘画测验（projective drawing）也被称为画人测验（human figure drawing），可能会揭露一些潜藏在你心中的真实面。事实上，心理学文献中不乏关于绘画细节（或缺乏细节）含义的建议。弗洛伊德本人喜欢将绘画当作获取潜意识的手段，他对列奥纳多 · 达 · 芬奇（Leonardo da Vinci）童年记忆的解读就印证了这一点。根据弗洛伊德的说法："仁慈的自然施于艺术家的能力，使他能通过创造的作品来表达他最秘密的精神冲动。这些冲动对于他本人也是隐藏着的。"

一个多世纪以来，人们对解读儿童绘画的意义兴趣极高。在

1926 年出版的《绘画测智商》(*Measurement of Intelligence by Drawings*) 一书中，弗洛伦斯·古迪纳夫（Florence Goodenough）简要总结了 40 年来儿童绘画作为心理学关注焦点的价值。古迪纳夫也将画人测验（draw-a-man test，也被称为绘人测验）作为测试儿童智商的方法。在测试中，只要孩子的绘画包含正确的细节即可得分。例如，儿童绘制身体部位获得的分数更多，如腿部和手臂等基本要素，以及鼻孔和手指等细节。如果儿童绘制了衣服，也可以获得更多的分数；如果男士的服装没有任何不协调之处（如“水手帽配西装”），可以再得一分。正确的身体比例和其他绘图技巧（如平稳的绘画线条）也被列入考虑的范围内。

古迪纳夫所说的画人测验并不是一种“投射”绘画技术。投射技术是心理动力学传统评估工具的一部分，并且根据麦考沃（Machover）的说法，“探索动机的投射方法已经再三揭示了自我表达的决定因素，这些深层次的、也许是无意识的决定因素无法在直接交流中体现出来”。因此，基于这个定义，用于测试智商的绘图并不是“投射”技术。

然而，随着古迪纳夫的宣传，以及解梦和揭示隐藏真相的罗夏墨渍测验（Rorschach inkblot test）的传播，其他人开始从投射的意义上使用画人测验，以调查儿童身上据说隐藏极深、难以获取的内部冲突和情绪，识别重要的性格特质。例如，研究人员将该测试作为诊断特定儿童问题（如行为障碍、犯罪、适应不良和精神分裂症）的辅助手段。

特别是麦考沃，他详细概述了投射绘画测验中特定符号的解释方法（也被称为“符号法”）。例如，画中的一个大脑袋表明这个人可能“偏执、自恋、理智正义、虚荣”。在另一个例子中，“过度强调唇部，通常与饮食习惯不良、胃部症状、言语粗鄙和脾气暴躁有关”。其他符号的意义包括：小眼睛代表以自我为中心；大眼睛代表敌意；大耳朵代表精神分裂症症状；大鼻孔代表攻击性；口袋中的手代表手淫；大手代表内疚；纽扣代表依赖母亲（特别是画在肚脐的位置）。此外，以下图画细节可能具有性意义：嘴巴、嘴唇、臀部、头发、帽子、手、鼻子、颈部、喉结、臀部、口袋、肩膀、鞋子、香烟、脚、领带、枪支、手杖、腰围，当然，还有隐私部位的绘制。

投影绘画的边界已延伸至家庭绘画作品，有时被称为画家测验（family drawing test）。根据赫尔斯（Hulse）的说法，孩子们“把对家人更深层次的情感投射到绘画中，这些绘画因‘冻结梦境’而显得尤为重要……这些确凿的证据可永久证明一定时期内患者的情感发展”。

最近，治疗师开始使用家庭动力绘画测验（kinetic family drawings），即画出全家正在做事的场景。在家庭动力绘画测验中，家庭成员之间的行为，例如扔球，暗示了孩子“‘争强好胜’或‘爱嫉妒’”。父母的行为，如“修剪草坪、砍伐、切割等，则暗示了孩子有一位‘强硬’或‘缺少男子气概’的父亲”，有时是母亲。此外，绘画中的“X”图形（如熨衣板交叉的桌腿）“是儿童试图控制性冲动的恒定主题”。在另一个有趣的例子中，家庭动力绘画测验中的水（如在池塘中钓鱼）是自杀的潜在迹象，因为它“不仅仅是许多人跳水自杀的偶然因素”。有人提出，解读家庭动力绘画测验中特定的投射符号可以用于识别、预防和治疗儿童虐待。近年来，用于家庭动力绘画测验的计算机评分系统已经被研发出来。

最近的发展成果还包括学校动力绘画测验（kinetic school drawing），其中包含以下解读：

- 户外（如休息）代表儿童不喜欢学术；
- 强调教室结构代表社交回避；
- 强调教师可能代表想要与教师进行热烈互动的愿望。

房－树－人测验（house-tree-person，H-T-P）是绘画测验的另一个重要版本，并且被明确标记为一种投射方法。在房子的窗户上可以找到特定的符号。例如，窗户“有时候没有画上窗格，这或许代表了口唇和/或肛门性欲，以及敌视情绪”。树也是可解读的丰富资源。例如，“依弧形山顶绘制的树似乎通常代表口欲滞留，常伴随着对母亲保护的需要”。

这是首次对房－树－人测验进行详细介绍，虽然这个测验主要针对成年人，但它很快就被应用在儿童身上。乔勒斯（Jolles）从学龄儿童那里收集了大约 1000 张房－树－人测验画作。乔勒斯认为，“巴克（Buck）的假设也适用于儿童，即画中人的性别往往代表调查对象感知到的性别角色”。对于画作中看起来像阴茎的树木，乔勒斯也发表过有趣的观点，他认为，如果孩子画的树木看起来只是有点儿像阴茎，而不是非常像阴茎，就说明孩子的性心理障碍到了最严重的程度。此外，阴茎烟囱绘画通常可以证实对阴茎树绘画的解读。以下纯属娱乐，你可以在下面的空白处尝试画一个看起来不像阴茎的烟囱。

通常情况下，房子、树和人都是画在不同的纸上，但伯恩斯（Burns）强调了将它们组合在一张纸上并加上“某种动作”的重要性，他称之为动力房树人测验（kinetic-house-tree-person drawing）。“落果综合征”（falling fruit syndrome）属于其中一个解读案例，即画作中从树上落下的果实代表了某人误入歧途。

在符号法中，个体符号代表了特定的心理异常，而投射绘画测验的一个主要转变就是让一些心理学家摆脱了符号法。也就是说，作为替换方案的“综合法”（global approach）通常侧重于符号（或情绪指标）的数量。科皮茨（Koppitz）明确了约 30 个儿童适应不良的情绪指标。情绪指标的例子包括：没有颈部，小脑袋，脸部有阴影和斗鸡眼。受科皮茨的影响，有人编写了《画人：情绪障碍的筛查程序》(*Draw A Person: Screening Procedure for Emotional Disturbance*)，这本书介绍了一个 55 项指标评分系统，其中有一些指标正是来自科皮茨的方法。

正如纳格利里（Naglieri）及其同事所指出的那样，投射绘画测验中的个体符号法并没有研究依据（本章介绍的大多数例子都使用了个体符号法）。关于个体符号法的研究综述明确指出，这一方法缺乏研究结果支持。20 世纪 90 年代的争论转向了国际方法的使用价值。在一篇引发激烈争论的论文中，莫塔（Motta）、利特尔（Little）和托宾（Tobin）否定了有着数百年历史的投影绘画测验的价值，并在最后批判了最新版的画人测验，称这种技术：

> ……的评估方式就是检验这种技术是否能够将正常的对照组与参加精神科日间治疗计划的、有严重障碍的儿童群体区分开。当简单的行为观察就能满足需求时，为什么会有人使用画人测验来识别这样一个明显有障碍的群体？这留给读者许多想象。尽管如此，纳格利里（Naglieri）和菲佛（Pfeiffer）的研究数据清楚地表明，他们的评分程序识别了不到一半的精神病患者群体……我们不得不怀疑这种程序在正常学校环境中识别病情较轻的儿童的准确率。

莫塔等人的文章在同期发表的几篇文章中引发了异常激烈的争论。对此，莫塔等人进行了最后的反驳，他们强调，识别不到一半的情绪障碍儿童“还没有随机猜测的正确率高”。这些文章的一个共同点是，所有作者都同意个体符号法无效，但是有些人仍然支持综合法。

格雷沙姆（Gresham）的回答总结了一些反对投射绘画测验的论点，以及为什么投射绘画测验继续受欢迎的假设。具体来说，一些心理学家认为投射绘画测验是有用的，主要原因就是错觉关联，或倾向于看到实际上不存在的联系，而这往往是因为这些事物有其他表面联系。在心理学迷思之源中，这种倾向可以被描述为代表性推理。其次，投射绘画测验提供的信息无法增加其有效性——也就是说，投射绘画测验无法提供除已知或可以确定的信息（来自其他评估工具）以外的新信息。可以想象一下，父母将一个有攻击性行为的孩子带到一位心理学家面前，并且孩子画了一个手很大的人。这幅关于手的画作表面上与实际的攻击行为有关。心理学家从这幅画作中得出“孩子有攻击倾向”的结论，这不算新信息，因为我们知道孩子已经表现出了攻击性行为。此外，一篇关于投射绘画测验的早期批评文章表明，绘画符号与客户症状之间的错觉关联误导了临床医生。这种错觉关联受到选择性感知的影响，这可能有助于解释为什么这个关于儿童绘画的迷思持续了几十年。

尽管对投射绘画测验的批评持续存在，它们仍然对公众有直观的意义，并被专业人士广泛使用。在我们的研究中，87% 的学生和 79% 的家长同意“孩子的绘画有助于洞察他们问题的潜意识原因”。心理学家似乎也持有类似观点。一项研究调查了 175 名高校中的学校心理学者，结果表明，44% 的人使用过房 – 树 – 人测验，

41% 的人使用了家庭动力测验，27% 的人使用了画人测验。这些大心理学者中有相当大一部分人也在使用这三种投射绘画测验，包括诊断、病情鉴定、治疗计划、治疗监测、重新评估和构想假设。在另一项调查研究中，58% 的儿童监护评估员报告称，自己对儿童使用过投射绘画测验来帮助评估，尽管最近的综合述评得出结论，投射绘画测验不能用来评估儿童虐待。之前一项研究报告的比例约为 38%，此后这一比例呈上升趋势。同样，在 2008 年的研究中，27% 的儿童监护评估员也使用了投射绘画测验来评估父母（与 1997 年研究报告的 9% 相比也有所上升）。

在我们得出结论之前，我们希望区分在评估期间经常使用的绘画测验与本章所述的投射绘画测验。许多孩子喜欢画画，将绘画纳入评估中，有助于与孩子建立融洽关系，并提供一个非威胁性的刺激因素以供谈论。一些心理学家将绘画作为“讨论的出发点”来使用，这或许是一个使用绘画的合理方式，但这不应与投射绘画测验相混淆。即使把绘画用作讨论的刺激因素，治疗师也应该注意到潜在的确认偏误——他们会引导孩子去谈论一些已经印证了他们看法的绘画内容。

最后，我们将简要介绍电影《拜见岳父大人 3》（*Little Fockers*）中的一个场景：一个小男孩正在接受评估，以进入一家著名的儿童成长中心，绘画是评估的内容之一。他打算给他的父亲画一张画，他的父亲是一名医疗专家，正在给他的祖父打针，位置非常敏感，因为祖父吃了一粒让自己勃起四个多小时的药丸。这幅画本身肯定是一个很好的讨论出发点。

你需要知道的

心理学家确实有多种方法对儿童的社会情绪健康进行综合评估，评估通常包括多个信息来源和多种方法。评估时，往往会分别采访父母、孩子和老师。心理学家还使用可靠有效的评定量表，可以广泛评估一系列领域，其次是更为狭隘的问卷调查。在许多情况下，需要进行行为观察。

这些评估工具和投射绘画测验之间的一个重要区别就是对功能评估的关注。回到父母带着一个有攻击性行为的孩子来看病的例子，行为观察可能证实孩子确实表现出攻击性行为，这本身并不具有价值。然而，这种观察可提供的信息包括这种行为出现的前因（如在攻击之前通常发生的事情）和使这种行为持续存在的后果（如在攻击之后发生的事情）。此外，这种观察可用于量化行为（如某一时间段内的攻击次数），这些数据可被用于监测治疗方案的有效性。

迷思 29
大多数幼儿都有“可怕的两岁”

不爽熊说：“两岁是个可怕的年龄。”欢乐熊支持不爽熊对两岁孩子的消极看法，但相对更乐观一些。欢乐熊说："振作起来！他们不会永远都是两岁！"

以上来自动画片《爱心小熊》，不爽熊和欢乐熊都认为，两岁的孩子太可怕了！和孩子一起读这个故事的父母可能不是第一次听说"可怕的两岁"。儿科医生杰伊·L. 霍克（Jay L. Hoecker）解释说："可怕的两岁是幼儿发育的正常阶段，其特点是情绪不稳定、脾气暴躁和把'不'时时挂在嘴边。"家庭治疗师约翰·罗斯蒙德补充道，在孩子两岁时，父母开始树立权威，孩子的这个发展时期"被称为'可怕的两岁'，因为当父母开始尝试树立威信时，孩子会用他所有的情绪力量来反击父母"。事实上，提起任何一个两岁宝宝，"可怕"一词可能有时就会浮现在脑海中。大多数两岁的孩子确实会发脾气，说"不"，感到沮丧，表现出攻击性，并且经常不讲道理。然而，这是一个两岁宝宝特有的成长时期吗？在我们回答这个问题之前，我们首先要讨论"可怕的两岁"这一观念来自何处。

《牛津词源词典》（*Oxford Dictionary of Word Origins*）显示，早期使用"可怕的两岁"这个短语的是 1951 年的加拿大纪录片《可怕的两岁和友好的三岁》（*The Terrible Twos and the Trusting Threes*）。这部纪录片将可怕的两岁描述为"他们第一次能够为他们想要的东西而战"，然后列举了日常照顾一个两岁半孩子的所有困难，从而使父母对"将要发生的事"心中有数。这些挑战包括：

- 早起；

- 展开所有的卫生纸；
- 在墙上画画；
- 折磨年幼的手足；
- 发脾气；
- 在梳妆台上涂抹奶油；
- 拒绝上床睡觉。

这部纪录片的结论是，“知道可怕的两岁会变成值得信任的三岁是一种安慰”，并且表明一个孩子到了“三岁时比两岁时要好得多”。

使用谷歌书籍词频统计器（Google books' Ngram Viewer[①]）搜索“可怕的两岁”这一短语（见图 3–1），就会发现这一短语大概在加拿大记录片上映的时候开始出现，但它直到 20 世纪 70 年代才开始被广泛使用。

“可怕的两岁”这一想法实际上可以追溯到阿诺德·格塞尔（Arnold Gesell）。格塞尔是 G. 斯坦利·霍尔（G.Stanley Hall）的学生，可以说是美国顶尖的心理学家。如今，大多数儿童成长教科书都简要提到了格塞尔的成熟理论，该理论将儿童成长视为生理程序展开的结果。例如，格塞尔提出“婴儿的基本气质特征是否会受环境影响而显著改变尚不明了”。也就是说，成熟理论在孩

---

① Ngram Viewer 是一个有趣的研究工具，任何人都可以使用，所以休息的时候请随意搜索一个单词或短语，看看它在各个时间段出现的频率。网址为 http://books.google.com/ngrams。

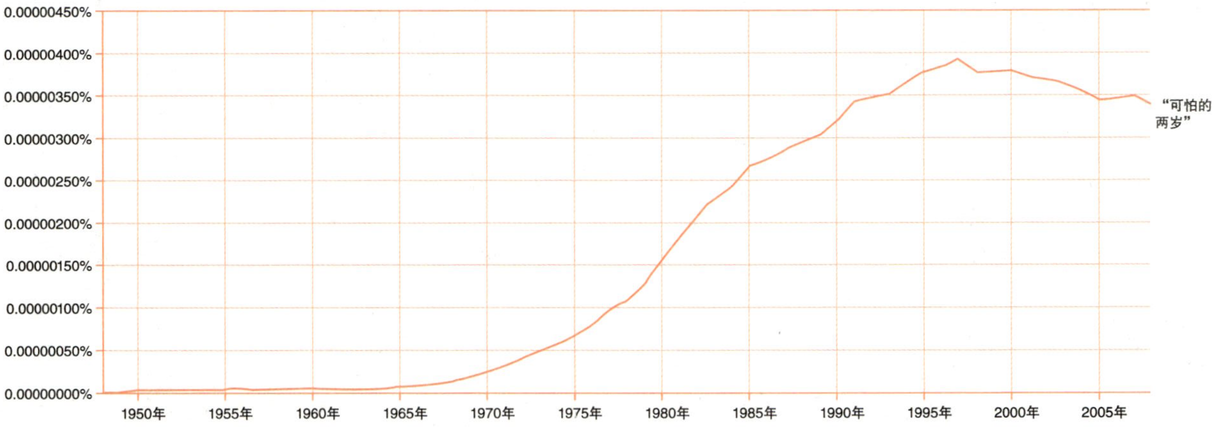

图 3–1　谷歌的 Ngram Viewer 显示了 1948—2008 年期间书中出现“可怕的两岁”一词的频率

子的成长环境方面（如父母的育儿方式）发挥的作用有限，并且这种理论与行为理论相矛盾（尽管他的一些著作确实表明这不仅仅是先天与后天之间的相互博弈）。事实上，格塞尔与行为主义学家约翰·B. 华生（John B. Watson）曾为20世纪20年代最具影响力的育儿专家名号而开战，后来格塞尔的著作《婴儿和人类的发展》（*Infancy and Human Growth*）击败了华生的《婴幼儿心理护理》（*Psychological Care of Infant and Child*），在那年获得了《父母杂志》（*Parent's Magazine*）的一个奖项。

格塞尔认为，两岁作为预设生物程序的一部分，实际上是相当愉快的。但另一方面，两岁半的孩子又会变得很可怕。格塞尔及其同事认为，这个年龄（两岁半）是“幼儿期最恼人的年纪”，因为“这个年龄存在的争议比其他任何年龄都多”。他们还指出，两岁半是较为平和的两岁和三岁之间的过渡。埃姆斯和伊尔克的著作继续关注两岁半这一特定的年龄，因为他们认为“这一年开始时是如此平静，以至于人们一开始并没有意识到隐藏的主导力量将在半途中被释放出来”，后来又补充说，“你曾经迷人的两岁孩子现在变成了恶魔”。如果你已经打开了谷歌 Ngram Viewer，你现在的搜索结果可能会非常有趣，因为你会发现“恶魔孩子”这个短语开始出现在书籍中。

儿科医生本杰明·斯波克也曾就两岁的孩子提出警告，他认为“在两到三岁期间，孩子容易出现固执等内心紧张的迹象”。虽然斯波克承认这些迹象在两岁之前就开始出现，但他还说“这些迹象在孩子两岁之后达到了新高度，而且形式也有所改变”。此外，他甚至引用格塞尔的观点，即两岁半的年龄是问题的高峰年龄。后来，心理学家詹姆斯·多布森表示：“当孩子到了‘可怕的两岁’时，最令人沮丧的就是他们往往会洒漏东西、毁坏东西、乱吃东西，还会爬高跌落，把东西放进马桶冲走，杀死生物，到处乱钻。”

流行文化也有助于传播“可怕的两岁”这一概念，比如像一开始提到的《爱心小熊》。在 20 世纪 90 年代的电视情景喜剧《恐龙》（*Dinosaurs*）中，有一集讲到了可怕的两岁。“不是妈妈”（“not the mama”）这句话很有可能唤起关于这个流行节目的记忆，因为小恐龙经常对他的恐龙父亲说这句话。这个孩子在他两岁生日时变得特别可怕，在此之前他的祖母就预先警告称：“两岁生日没有必要举办派对……宝宝即将进入可怕的两岁（外面有灯光闪过）……一种奇怪的邪恶力量会控制孩子，将他变成了一个疯狂的、破坏力极强的怪物，拥有难以形容的恐怖力量。这是一个黑暗可怕的日子！”很快，祖母的警告就变成了现实，因为这个两岁的孩子在家里大搞破坏。恐龙儿科医生、动物行为训练师和驱魔人都无法治疗可怕的两岁。唯一有效的干预措施就是简单地用蛋糕、三根蜡烛和一首生日歌曲来诱使宝宝相信他已经满三岁了。

直到今天，“可怕的两岁”这一观念仍然很流行。看一看网上书店的电子书架就知道最近出版的十几本育儿书籍都是在具体讲如何幸免于、阻止、驯服或以其他方式战胜“可怕的两岁”。这些书似乎有很多读者。在我们的研究中，85% 的学生和 83% 的家长同意“大多数幼儿都会经历‘可怕的两岁’这一阶段”。

很少有研究会专门比较不同年龄段孩子的可怕性。尽管如此，有足够的证据表明，两岁并不比幼儿时期其他任何一个年纪可怕。例如，一项研究比较了孩子在一至四岁不同年龄段的脾气（严格来说，孩子的年纪都处于每个年龄段的最后六个月）。该研究发现，孩子发脾气在所有年龄组中都很常见，根据父母的报告，87% 的一岁儿童和 91% 的两岁儿童每月至少发一次脾气。就三岁儿童而言，这一比例降至 59%。

虽然孩子两岁时发脾气的频率较高，这是值得注意的，但每月发一次脾气几乎不能被算作“可怕”。更有趣的发现还包括每月发脾气的次数和时间。同样的研究表明，一岁儿童和两岁儿童平均每月发脾气八次左右，而三岁儿童和四岁儿童平均每月发脾气的次数接近六次。这并不是一个很显著的区别。此外，随着孩子年龄的增长，发脾气的时间也在延长：一岁的孩子平均每次发脾气两分钟；两岁和三岁的孩子平均每次发脾气四分钟；四岁的孩子平均每次发脾气五分钟。

另一项研究调查了挪威近 1000 名父母，结果表明，一岁半的孩子与两岁半的孩子有同样多的负面情绪（如情绪不稳定）。事实上，负面情绪在下一个年龄段（即四岁和五岁，这也是该研究中的最高年龄段）中略有上升，尽管这并不是一个显著的差异。因此，在这项研究中，孩子的负面情绪在一岁半到五岁之间非常稳定。

总之，这些研究表明，两岁并不比一岁、三岁或四岁更可怕。如上所述，一岁的孩子和两岁的孩子发脾气的次数相同；四岁的孩子发脾气的时间更长，而且他们（与五岁的孩子一样）的负面情绪比两岁孩子的多。此外，许多父母可能会争辩，婴儿比其他所有年龄段的孩子更加可怕。婴儿会哭闹，不讲道理，不能照顾自己，即使他们不会说“不”，但你知道他们就是这样想的！为什么没有人把婴儿期称为“可怕的零岁”？

“可怕的两岁”这一迷思是被一些心理学迷思之源传播出去的。“可怕的两岁”这一朗朗上口的说法能够引起共鸣，并通过口耳相传迅速传播。另一个传播来源是夸大真相。也就是说，如果更委婉地解读“可怕的两岁”，意思就变成“一些新的逾矩行为会在两岁出现”。然而，这种解释也不尽如人意，因为在整个童年和青春期，新的逾矩行为确实会出现在不同的年龄段。事实上，两岁时出现的亲社会行为和情绪管理技能与逾矩行为一样多。因此，“可怕的两岁”也可以被称为“脆弱的两岁”（这是埃姆斯和伊尔克最先提出的一个好点子）。

“可怕的两岁”这一观念很难消除的部分原因是，“两岁”的定义不断被扩大。如今，提及“可怕的两岁”，通常是指两岁的整整一年，包括两周岁前几个月和后几个月（或几年）。目前，学前阶段的任何古怪行为都被认为是“可怕的两岁”的一部分。例如，罗斯蒙德提出，“有些孩子较早进入‘可怕的两岁’，有些孩子较晚”。他还补充说，“解决问题的时期因孩子和家庭而异”。在最近的一本书中，罗斯蒙德也推测了一个家庭，暗示“父母从来没有完全治愈过‘可怕的两岁’，女孩不停地发脾气是一个坏习惯，还有四年的势头在后面”。这篇引文中提到的孩子已经六岁了，但仍然被认为处于“可怕的两岁”阶段。同样值得注意的是，罗斯蒙德的这句引语暗示了“可怕的两岁”需要获得“治愈”。

“可怕的两岁”这一想法的固有观念为，几乎所有的孩子在两岁左右都会很可怕。这个迷思的好处在于，它确实有助于规范孩子们的一些逾矩行为，并且所有孩子都会展现一些逾矩行为。事实上，孩子有时会有反抗行为是好事（如在有人试图让他们做错事时）。不是所有的反抗行为都存在问题；当孩子对父母展现出反抗行为时，这些行为才似乎变得很可怕。

虽然规范一些逾矩行为是一件好事，但它可能会被矫枉过正。有些孩子，即使仅仅两岁，也具有很强的反抗性，以至于这种反抗行为会影响他们的生活质量和周围人的生活。在这些情况下，父母或教师可能需要考虑采取不同的做法。所有的反抗行为只是“可怕的两岁”的一部分——如果这意味着不采取任何行动——可能是一种危险的想法。

你需要知道的

想要解决幼儿“可怕”的行为问题，并不是只有一种“正确的方法”，但是《35天搞定！世界上最最最不听话的小孩》（*Parenting the Strong-Willed Child*）一书只描述了一种适用于二至六岁儿童的有效方法。本书是基于家长行为训练的循证策略。这种方法所包含的一些技巧包括：积极关注、主动忽视，以及提供有效指导。

▼ 迷思 30
“恐吓从善”项目可预防青少年犯罪

美国许多学区都会让高年级小学生和中学生到当地的青少年拘留中心探望，从而预防这些孩子犯罪。事实上，像这样的策略已经使用了几十年。1978 年，电视制片人安德鲁 · 夏皮罗（Andrew Shapiro）用他的纪录片《恐怖监狱》（*Scared Straight*）使一档名不见经传的监狱囚犯节目引起了全国人民的注意！这部电影的主题是新泽西拉维州立监狱的“无期徒刑犯集团”（Lifers Group），他们将青少年（包括男孩和女孩）带走，并带领他们参观成年男子监狱设施，最后的体验是让这些青少年在毫无准备的前提下和无期徒刑犯（服刑超过 25 年的囚犯）见面。

无期徒刑犯轮流向这些青少年提建议，让他们留在学校，不要吸毒，并停止犯罪。这些囚犯毫无保留，也不会回避言语诅咒、肢体威胁，以及警告监狱日常生活的困难，包括强奸。你可以很容易地在网上找到纪录片中的视频片段，但我们会引用一段话增进你对该节目的了解。在与其中一名青少年直接交谈时，一名无期徒刑犯说：

你想成为一个聪明的人吗？你想成为一个明智的人吗？我告诉你，警察可以犯下一千个错误；你只能犯一个错误，然后你就完了……别再笑了，孩子。我告诉你，我可以快速咬掉你的鼻子，如果你觉得有人会阻止我这样做，相信我，你错了。因为当他们到这里的时候，一切都结束了。明白我在说什么吗？当你坐在那儿的时候，你再也笑不出来了。因为我会伤害你，知道吗？

也许部分原因是由于这样的挑衅性语言，这部 52 分钟的纪录片在 1979 年获得了奥斯卡最佳纪录片奖。原版电影以对青少年的个人访谈结束，他们认为这种经历改变了他们对自己行为的看法。影片中有一名青少年说："从我走进那扇门的一刻起，这个地方就完全改变了我。"夏皮罗在另外两部电影中跟进了原版纪录片中的参与者：《恐怖监狱！ 10 年后》（*Scared Straight! 10 Years Later*）和《恐怖监狱！ 20 年后》（*Scared Straight! 20 Years Later*），由丹尼·格洛弗（Danny Glover）担任导演。虽然原版《恐怖监狱》纪录片中的孩子都是十几岁的青少年，但从那时起，类似节目中年龄最小的孩子只有八岁。

"恐吓从善"多次出现在流行文化中。例如，"监狱迈克"（"Prison Mike"）是情景喜剧《办公室》（*The Office*）中迈克尔·斯科特（Michael Scott）的另一个自我。他试图吓唬他的员工，让他们更珍惜自己的工作。此外，《周六夜现场》（*Saturday Night Live: SNL*）的几位嘉宾主持人帮助基南·汤普森（Kenan Thompson）在一个常设的滑稽短剧中吓唬孩子。虽然很难判断谁是最可怕的囚犯，但这一环节非常有趣。与纪录片《恐怖监狱》相比，滑稽短剧《周六夜现场》与其的主要区别是——有一名监狱看守试图限制性暗示语言！

显然，“恐吓从善”已成为流行文化的一部分，但真的有效吗？据报道，在《恐怖监狱！ 20 年后》中，大多数参与者继续过着富有成效的生活，并将他们能够步入正轨归功于参加“恐吓从善”项目的经历。在查看了纪录片中提供的轶事证据之后，它奏效的原因及背后的逻辑很简单——之前这些孩子还没有承担过严重的后果，因此，我们可以“让他们尝尝”后果，以便改变他们的行为。

虽然在某种程度上这可能具有直观意义，但是对“恐吓从善”项目（我们使用“‘恐吓从善’项目”这个术语来指代任何一个囚犯试图劝告和吓唬青少年的项目，即使这些项目实际上有几个不同的名称）进行对照和客观研究更有价值。研究表明，这些项目并不能阻止青少年重新犯罪。事实上，研究结果本身非常可怕，因为这些“恐吓从善”项目实际上增加了参与者重新犯罪的概率——有时概率甚至会提高很多。最近一份述评回顾了九项关于恐吓从善项目的不同研究，结果发现，参与者重新犯罪的可能性比没有参与这些项目的对照组高 1.6~1.7 倍。

虽然我们最应该关注的是上述的对照研究，但最近一则有关夏皮罗声称《恐怖监狱》最初的参与者从项目中获益的新闻报道迎来了颇具讽刺意味的转折。安杰洛 · 斯佩滋勒（Angelo Speziale）

是原版纪录片中的青少年嘉宾之一，也是续集《恐怖监狱！20 年后》中的成功典范，在警方使用 DNA 证据破获他残忍谋杀和强奸他十几岁的邻居这一案件之后，他被判处 25 年有期徒刑，目前正在服刑。实际上，他参加最初的“恐吓从善”项目后仅四年左右，就犯下了谋杀和强奸罪行。具有讽刺意味的是，他所服刑的监狱正是当年在《恐怖监狱》中为他提供干预项目的监狱。

然而，囚犯恐吓处境危险的青少年远离犯罪生活这一想法似乎继续吸引着公众，因为 2011 年 1 月在艺术 & 娱乐电视网（A & E）播出了新电视节目《现身说法》（*Beyond Scared Straight*），260 万观众观看了第 2 季的首映，这一创纪录的数字使其成为该电视网“史上最受关注的原创系列”。快速浏览一下《现身说法》的讨论板，可以看出大部分观众都喜欢这些“恐吓从善”项目，很多人都想知道如何为自己的孩子报名参加这一项目！

尽管《现身说法》中的干预项目类似于原版纪录片的干预方法，但这些新版本已经朝多个方向发展——甚至可能更加可怕！首先，监狱看守的作用与成年囚犯的作用更为相似，因为他们经常在身体和口头上威胁少年。至少有一集，少年在监狱过夜，而其他剧集允许囚犯和青少年举行个人会面（由看守监督）。最后，在至少一集中，囚犯鼓励青少年进行自我对话，如对自己说“我是一个失败者”。

这个节目取得了令人难以置信的成功，但令人惊讶的是，各个联邦机构、州立机构和专业机构同时公开反对新续集。例如，未成年人司法领域的两个主要组织——未成年人司法联盟（Coalition for Juvenile Justice）和美国少年和家庭法院法官委员会（National Council of Juvenile and Family Court Judges），在《现身说法》播出后不久发布新闻稿，谴责该电视网歪曲该节目的有效性，所传播的节目“既不具有发展适宜性，也没有提前知晓将给孩子带来的创伤”。

事实上，美国司法部机构内的两名高级管理人员进一步批评了这一电视节目，积极劝阻各州不要开展此类项目，并威胁说如果这些项目继续下去，他们就会削减联邦资金，理由是他们可能违反了《未成年人司法及预防未成年人犯罪法》（*Juvenile Justice and Delinquency Prevention Act*，1974 年），这一法案不允许青少年与成年囚犯接触。最后，在向美国国会提交的关于预防犯罪的报告中，研究人员将“恐吓从善”项目归到“无用”之列，不提倡继续开展这些项目。虽然 A & E 电视网正在继续拍摄该系列节目，但由于持续存在争议，三个州中有两个州（加利福尼亚州和马里兰州）暂停了这些项目，而他们的项目正是拍摄的主题。

考虑到所有对恐吓从善项目不利的证据，为什么人们会继续开展这些项目呢？在最近的采访中，夏皮罗提到了这一争议：

所有事物都会有批评者，对于任何持怀疑态度或批评态度的人，我唯一能说的就是我亲眼看见了拍摄过程。我不会去读 30 年前的一些结论为“这些项目毫无用处”的研究。顺便说一下，在 21 世纪没有人做过任何相关性研究——事实上，在过去的 20 年里，没有人做过任何相关性研究。现在不存在任何一个曾被研究过的项目，而相关研究中的项目都已不再存在，所以这完全无关紧要。但是我亲眼看到了它，每次拍摄我都在现场……这是一个见证，我不是社会科学家。我没有博士学位。

尽管夏皮罗认为目前关于“恐吓从善”项目的研究可能已经过时，但还有另一种解释，即未成年人司法领域的研究人员已停止研究该项目的有效性，因为许多研究一致确认了其对参与者的潜在危害。鉴于已经存在一些研究表明这些项目实际上提高了再犯罪率，因此可以合理地假设该项目的新版本（非常相似且可能更糟）也有可能提高再犯罪率。此外，即使一项新的研究调查了这些“恐吓从善”项目的新版本并证明它们无效，夏皮罗也可以回应说目前“新”研究（它会突然变成过时的研究）尚未调查过更新版本的“恐吓从善”项目。夏皮罗对目前不利于“恐吓从善”项目的研究的最终回应实际上很常见，这只是在以一种“眼见为实”的角度看问题、并不重视科学的方法。也就是说，夏皮罗没有意识到我们都是通过扭曲的镜头看世界。我们的眼睛从未欺骗过我们——这种错误的臆断被称为“素朴实证主义”（naïve realism）。

然而，与那些没有参加该项目的少年相比，为什么参与者的犯罪行为实际上是增多了？对此，有几种理论（尽管很少有人经过彻底测试）。首先，处境危险的青少年可能会将监狱视为实际适合他们的地方。这些青少年还可能会将“恐吓从善”项目中的囚犯视为榜样，从而模仿他们的犯罪行为，同时忽略了他们在项目期间给出的语言信息。还有人建议，青少年将该项目视为个人犯罪挑战，以此证明他们没有被该项目“吓到”。

另一组研究人员解释了这些依赖反社会同伴之间的互动的项目又是如何产生潜在的不良影响的。他们认为，在这些节目中，笑声和关注助长了偏差行为。事实上，在“恐吓从善”项目中，经常可以看到同伴在首次参观监狱时大笑。“恐吓从善”项目可能产生不良影响的另一个原因与“脱敏”这一概念有关。换句话说，通过使处境危险的青少年接触监狱的环境和文化，他们可能对监狱巨大的威慑力脱敏，从而使他们以后更有可能犯罪。这些类型的解释在群体治疗中也被称为“偏差行为强化”（deviancy training）。然而，值得注意的是，如果正在实施有效治疗，通常不会发生偏差行为强化。

鉴于有证据证明“恐吓从善”项目无法奏效（有时会提高未来犯罪率），令人惊讶的是，人们普遍认为这些项目是有效的。在我们的研究中，64% 的学生和 62% 的家长同意“像‘恐吓从善’这样的项目有助于预防青少年违法犯罪”。那么，这些项目大受欢迎的原因是什么呢？也许可以归结为“恐吓从善”项目的简单。最初参观拉威州立监狱的“无期徒刑犯集团”之旅就是一段三小时的经历，它基于一个简单但有缺陷的逻辑，并且这个逻辑很容易理解。遗憾的是，生活中最大的问题并非如此简单，而且不易解决。众多确实能减少青少年犯罪的项目要复杂得多，成本更高，并且往往需要很多专业人士。简言之，它们并不简单。但有时候简单轻松的答案结果是错误的，为了获得真正的改变，我们必须投入更多，而不是寻求轻松的答案。

你需要知道的

有几种干预措施对处境危险的青少年来说是有效的。例如，多元系统疗法（multisystemic therapy，MST）和多维治疗养护（multidimensional treatment foster care，MTFC），二者都是循证治疗方法，已被证明可有效降低青少年犯罪率。这两种方法都包括以下几种治疗组成部分：个体疗法、学术干预、调整因果关系以及支持看护人员。谢尔曼（Sherman）及其同事对预防犯罪的文献进行了广泛的回顾，并在报告中称有几个与有效干预有关的重要原则。其中包括：

- 识别和解决促进青少年犯罪的特定风险（例如，现有的精神疾病、药物滥用，以及与同时参与违法行为的同伴联系）；
- 使用认知行为干预；
- 按计划实施干预；
- 尝试培养青少年的技能。

其他针对青少年破坏性行为的循证干预措施包括：愤怒控制训练（anger control training）、问题解决技能训练（problem solving skills training）、父母管理训练俄勒冈模型（Oregon model of parent management training，PMT）。

速解迷思

▼ 迷思 31
父母通常可以判断孩子何时会沮丧

虽然大多数父母可能觉得他们与孩子的情绪状态“协调一致”，但情况可能并非总是如此。在过去几十年的数十项研究中，研究结果表明，在识别孩子抑郁症方面，父母是相当差的信息提供者。例如，与孩子本身报告的症状水平相比，父母报告的孩子抑郁症的症状往往更少（孩子实际上被发现患有抑郁症）。大量研究还发现，父母抑郁症的症状与父母对孩子抑郁症的评估显著相关。在一项研究中，有一些抑郁症状的母亲根据视频评估自己孩子的行为，不了解孩子的研究助理也会独立评估该视频。与研究助理的评估相比，母亲们认为她们的孩子在视频中展现出更多的负面情绪。换句话说，患有抑郁症的父母可能会通过“抑郁的镜头”来看待他们的孩子，并认为她们的孩子也抑郁，即使孩子并不抑郁。有趣的是，研究人员发现，当他们的孩子出现破坏性行为问题（如攻击性）而不是情绪问题（如焦虑和抑郁）时，父母是更好的“线人”。当你认为破坏性行为问题更容易观察，而抑郁情绪则更难观察时，这一发现可能说得过去。

▼ 迷思 32
女孩比男孩更容易患上临床抑郁症

对于青少年和成年人来说，女性比男性更容易患上临床抑郁症；然而，就儿童而言，情况并非如此。在一项为期 10 年的纵向研究中，研究人员评估了 11~21 岁青少年抑郁症的发病率。在 15 岁时，4% 的女孩和 1% 的男孩患上临床抑郁症。然而，在 11 岁时，男孩（近 2%）患上临床抑郁症的概率明显高于女孩（不到 1%）。两个年龄组的这些差异具有统计学意义。在 13 岁时，男孩和女孩患抑郁症的概率相近（约为 2%）。因此，直到青春期的某一时间段，女孩患抑郁症的概率才开始比男孩高。

▼ 迷思 33
帮助孩子逃避恐惧是减少焦虑的最佳方法

虽然父母希望保护孩子免受恐惧之扰，但不断帮助孩子逃避恐惧有可能使恐惧变得更严重。对于一些孩子来说，恐惧已严重到了扰乱他们的日常活动的程度。例如，一个孩子可能会害怕在上学路上遇到邻居狂吠的狗，并且坚持绕远路来避开这条狗。又如，一个孩子可能会坚持让父母彻底搜查地下室的蜘蛛，然后才肯到楼下探险。要想了解父母回应孩子的恐惧和担忧的最佳方式，让我们考虑一下有研究支持的临床重度恐惧症最有效的治疗方式。在一篇述评中，研究者考察了 32 项最严格、设计最严密的研究，这些研究评估了儿童恐惧症和其他焦虑症治疗方法的有效性。该述评指出，认知行为治疗项目在减少儿童的焦虑和恐惧方面有显著效果。这些项目通常有一套标准的程序，包括逐渐让孩子接触他们所害怕的东西，培养他们应对恐惧的技能，并奖励自己直面恐惧。研究还发现，治疗方案涉及父母的项目有额外的益处。这些项目的组成部分都是以父母为中心的，其中一个例子包括训练父母通过简单的表扬和鼓励或通过提供更切实的奖品来奖励他们的孩子能够直面恐惧，以及帮助父母应对自身的焦虑。若佩（Rapee）及其同事的研究发现，如果父母曾读过《帮助焦虑的孩子：分步指南》（*Helping Your Anxious Child: A Step-by-Step Guide*）这本书，他们的孩子在直面恐惧方面的进步要比控制组大，尽管三组中进步最为显著的一组孩子曾在一位治疗师的手下接受过团体治疗。总的来说，减少焦虑的最好方法是直面恐惧而不是逃避恐惧。我们从电影《冰雪奇缘》中学到的一件事就是，“隐藏情感，不去感受”是非常糟糕的建议！

▼ 迷思 34 成年人通常可以判断孩子是否在撒谎

作为成年人，我们常常认为自己能够读懂孩子的想法。然而，我们可能无法像我们认为的那样正确判断出孩子话语的真实性。研究表明，成年人并不善于判断孩子是否在说实话。在一项有趣的研究中，一名研究者告诉学龄前儿童不要偷看玩具，然后离开房间，此时孩子正在被视频录像。然后，研究人员回来并询问孩子是否偷看了玩具。当孩子说“不”时，有时是实话，有时则是谎言。然后，研究者向大学生们展示了孩子说“不”的视频，并让他们判断哪些孩子在说实话，哪些孩子在撒谎。大学生们判断的准确率达到41%，这远低于随机概率。总的来说，有很多误报（即说实话的孩子被指控撒谎），也有许多错误的信任（即孩子撒谎却未被发现）。作为一个有趣的旁注，那些偷看的孩子，其中78%的人撒了谎。其他研究也显示出类似的结果。结论就是：不能总是信任孩子。

▼ 迷思 35 目睹其他人攻击会减少孩子的攻击驱力

阿尔伯特·班杜拉（Albert Bandura）开展经典的儿童攻击行为实验（Bobo doll experiments）的动机之一来自一个被普遍相信的迷思。也就是说，根据班杜拉的说法，“人们曾经普遍认为，目睹其他人攻击会减少观众的攻击驱力”。利林菲尔德等人将这种宣泄的观念追溯到哲学家亚里士多德（即观看悲剧戏剧被认为是一种宣泄），以及后来的西格蒙德·弗洛伊德及其追随者。然而，在几项研究中，班杜拉证明，当孩子观察到成年人对波波娃娃表现出攻击行为时，他们实际上更有可能（而非不太可能）对波波娃娃表现出攻击行为。因此，班杜拉有力驳斥了这个迷思：目睹攻击会减少儿童的攻击驱力。

▼ 迷思 36
校园凶杀案正在增加

根据疾病控制中心的说法，凶杀案是儿童和青少年（5~18 岁）死亡的第二大常见原因。你可以轻易地回忆起最近的一些校园枪击事件。当校园枪击事件确实发生时，它们理所当然地登上头条新闻数月。然而，这些引人注目的案例给我们的印象往往是，校园凶杀案正在增加。疾病控制中心一直在追踪过去几十年校园凶杀案发生的频率。例如，在 1992—1993 学年，美国的学校（小学和中学）发生了 34 起青少年凶杀案。在 20 世纪 90 年代的大部分时间里，校园青少年凶杀案为 28 起或更高。然而，最近，在 2009—2010 学年（疾病预防控制中心报告中最新信息的年份），发生了 17 起校园青少年凶杀案，低于 20 世纪 90 年代的比率。事实上，在过去 10 年中，每年校园青少年凶杀案的比率都低于 20 世纪 90 年代的大部分时间。因此，现有数据表明，校园凶杀案并未增加，甚至可能在减少。

▼ 迷思 37
抵制非法药物滥用教育可预防儿童在长大后吸毒

几十年来，抵制非法药物滥用教育（drug abuse resistance education，DARE）一直非常受欢迎，这个项目邀请警察教授儿童，旨在预防药物滥用（包括酗酒）。该项目一直关注五年级和六年级的儿童，但最近 DARE 的预防工作已扩展到更多年龄段的儿童（包括幼儿园的儿童）。尽管 DARE 很受欢迎，但几项调查研究一直表明它并不奏效。在对 DARE 的批评中，莱纳姆（Lynam）等人指出 DARE 支持者经常争辩说，这些研究调查的是 DARE 的过时版本，而且现在有更新的 DARE 课程。虽然这是有可能的，但是在研究支持新课程之前，对 DARE 持怀疑态度是非常合理的。

第4章 有关社会环境的迷思

最受关注的迷思

▼ 迷思 38
独生子女很可能自私、娇纵，而且不会社交

有了第一个孩子后，父母面临着是否生更多孩子的问题。父母会根据与家庭、财务和人生目标相关的一些重要考虑因素做出决定。对于许多父母来说，这个决定也受到这种担忧的影响：如果没有兄弟姐妹，独生子女将会自私、娇纵，而且不会社交。

“独生子女娇纵”这一想法由来已久，其历史可追溯到一个多世纪以前的心理学史上的核心人物 G. 斯坦利・霍尔。霍尔是儿童研究运动的发起人，也是将青春期定义为“不同于童年期和成年期的独特发展时期”的关键学者。他还是美国心理学会的第一任会长，并帮助西格蒙德・弗洛伊德在克拉克大学发表演讲，这是弗洛伊德唯一一次访问美国。

更确切地说，提出这种说法的是霍尔的博士生之一 E.W. 博安农（E. W. Bohannon），他在霍尔的指导下撰写了《古怪儿童和杰出儿童的研究》（*Study of Peculiar and Exceptional Children*）。正如霍尔的儿童研究实验室所研究的那样，博安农根据身体或心理特征划

分儿童类别。用于对儿童进行分类的身体特征的例子包括敏捷、健壮、高大、丑陋和笨拙等；用于对儿童进行分类的心理特征的例子包括胆小、健谈、残忍、有序和肮脏。博安农在他的数据中注意到这些特征的有趣趋势——它们都与独生子女有关。

具体来说，他描述了五种区分独生子女和非独生子女的特征，提出独生子女“有假想伙伴；不按时上学；可能与其他孩子相处不愉快；往往娇纵；在大多数情况下健康状况不佳”。博安农解释了这些消极特征的起源，因为他观察到独生子女的一方或双方父母似乎“在生育力方面不达标，可能很早就开始不孕不育”。因此，他声称一对夫妇只有一个孩子这一事实证明了他们有某种身体上的缺陷，这一缺陷可能会遗传给孩子。

博安农还解释说，独生子女无法与同龄人交往是因为“他们不了解彼此”。两年后，博安农对这个想法进行了扩展，他在论文中指出独生子女“对社会的憧憬与其他家庭的孩子一样，但他们孤立的家庭生活未能赋予他们同等的技能和能力去实现他们的社会利益”。关于独生子女的典型性格特质，博安农说他们“最糟糕的特征……是自私、娇纵、脾气暴躁、嫉妒、虚伪、固执和傲慢”，尽管他也承认独生子女的最佳特质包括体贴和顺从。也许最值得注意的是，霍尔本人作为儿童研究运动的发起人，因在1907年的一次演讲中讲到“独生子女本身就是一种疾病”而广受赞扬。

阿尔弗雷德·阿德勒（Alfred Adler）继续将独生子女与自私联系在一起。例如，阿德勒表示“独生子女往往坚持成为关注的焦点”。此外，阿德勒认为独生子女“很难独当一面，迟早会变得终身无用”。他还补充说，“他们的生活就像寄生虫，除了享受，什么都不做，其他人都要照顾他的需求”。如今，类似的说法仍在继续，心理学家和畅销书作家凯文·莱曼（Kevin Leman）认为，“孤独的独生子女往往爱挑剔——甚至不仅仅是以自我为中心”。可见，博安农关于独生子女的最初看法在 100 多年后继续影响了一些育儿专家。

有许多影视角色的例子继续推动传播这一观念，即独生子女自私、娇纵和孤独。例如，20 世纪 70 年代电视节目《脱线家族》（*The Brady Bunch*）中的简·布雷迪嫉妒她的朋友唐娜是独生子女，但在简的兄弟姐妹有意无视她（为了让她真正体验到独生子女的生活）之后，她对自己的嫉妒感到后悔并告诉她的兄弟姐妹：“一旦被像你们这样的兄弟姐妹欺负过，谁都会想念这样的日子。”这一集的结尾是，简邀请她的朋友唐娜参加一个家庭活动，这样“她也不是独生子女了”。最近，电视节目《欢乐合唱团》（*Glee*）的主角瑞秋·贝里独唱了一首《独生女》（*Only Child*），描述了作为独生子女的个人痛苦（歌词如“我是一个独生女，对他们来说绰绰有余，但对我来说还不够”），以及独生子女的典型刻板印象（歌词如“从未学会分享我的雪儿[①]CD”）。在另一个流行文化的例子中，《纽约时报》的一篇文章将真人秀明星描述为“以自我为中心并且娇纵”，然后强调了斯诺基（Snooki）是独生子这一事实。

---

① 雪儿（Cher），美国影视女演员、流行乐歌手。——译者注

娇纵的独生子女角色也一直活跃在受众更年轻的媒体中，包括电视剧《淘气小兵兵》（*Rugrats*）中的安杰莉卡，以及迪士尼电影《公主和青蛙》（*The Princess and the Frog*）中初入社交界的夏洛特。因此，儿童从小就接触娇纵的独生子女的故事。

民意测验也反映了这种观念在公众意识中的普遍性。一项长达几十年的研究向公众提问，独生子女是一个优势还是劣势？1950 年（76%）至 1977 年（67%）的调查显示，大多数受访者选择"劣势"。同样，巴斯克特（Baskett）发现，与长子或幼子相比，父母认为独生子更娇纵、更讨厌。赫雷拉（Herrera）及其同事于 1993 年对大学本科生展开了调查，了解他们对各种出生顺序（如长子、幼子、独生子女）的看法，并发现受访者倾向于认为独生子女最不友善。尼曼（Nyman）发现，在其研究中，美国非裔大学生和西班牙裔大学生倾向于认为独生子女自私且娇纵。最近，在我们的研究中，79% 的大学生和 54% 的家长同意"大多数独生子女更有可能自私且娇纵"。虽然在公众心目中这个迷思似乎很难处理，但更令人吃惊的是，临床医生似乎也归咎于这个迷思。最近，斯图尔特（Stewart）对 300 多名临床医生进行了一项调查，调查了他们对出生顺序的看法如何影响他们对客户预后的判断。当看到被描述为独生子女的虚构客户的简介时，临床医生认为客户的预后较差，并且认为与长子和次子相比，独生子女有"额外的个人问题"。

即使"独生子女自私且娇纵"是一种普遍的观念，但研究表明这种观念确实只是一个迷思。在一项对这个主题的最全面的文献回顾中，有 141 项研究对比了独生子女和其他三种家庭——小家庭（有两个孩子）、中等家庭（有三个或四个孩子），以及大家庭（有五个或五个以上的孩子）。这项元分析的结果表明，独生子女（与所有其他家庭类型的孩子相比）具有更高的成就动机，自尊心强且亲子关系良好。除了这些积极的性格特质外，他们其他 11 个性格类别（成熟、合作、自控、情绪稳定、社会参与、性格外向和在同伴中受欢迎的程度等）与其他类型的孩子相比，没有表现出显著差异。此外，在一项最新研究中，作为全国调查的一部分，数千个青少年被要求从自己学校里提名自己的朋友。结果表明独生子女获得的友谊提名与非独生子女一样多。

上述研究主要由来自美国的样本组成。因此，人们可能会想这些结果是否可以推广到其他文化。为了回答这个问题，法尔博（Falbo）和博斯顿（Poston）等研究者提供了在其他国家展开的研究的数据，并明确指出："研究结果表明，在性格方面，没有单一的独生子女效应。"驳斥了"独生子女娇纵"这一迷思。

既然没有证据表明独生子女自私、娇纵且不会社交，那么为什么人们仍然相信这个迷思呢？有研究者总结了以出生顺序为背景，有关独生子女的累积过程理论，并将其简化为几种不同的理论：一种理论强调独生子女被剥夺了由手足关系提供的社交课程，因此他们变得不那么有社交能力，更加以自我为中心，而且不太为同龄人所喜欢；另一种理论认为，独生子女经历了一种独特的家庭结构，他们受到父母过多的关注，变得以自我为中心且娇纵。

尽管这些想法具有直观意义，但并没有获得研究支持。利林菲尔德等人谈到这一问题时暗示常识并不总是正确的。也就是说，许多人认为心理学只不过是事实的集合，而这些事实早已是常识。但利林菲尔德等人支持的立场是“科学的本质是‘非常识’……因为它经常要求我们否定我们对自然界的预感和直觉”。一些心理学迷思之源也有助于传播“独生子女娇纵”这一概念。这些迷思来源包括口耳相传、选择性感知，以及误导性媒体。

法尔博和博斯顿也提出了一些有趣的历史观点。具体而言，在历史的大部分时间里，父母只有一个孩子的情况相对较少。此外，导致家庭只有一个孩子的因素包括经济困难、战争、离婚和妇女进入劳动力市场。因此，对于许多人来说，只有一个孩子可能是他们不满当时社会中的一些问题或变革的迹象，而独生子女可能被某些人视为其他问题的症状。

米恩萨拉斯（Mancillas）认为，“独生子女娇纵”这一迷思会造成不良影响有三个主要原因：第一，这个迷思可能对独生子女本身有害，尤其是当这个迷思被直接或间接地传达给他们时；第二，这个迷思可能影响独生子女的父母对孩子的看法或与孩子互动的方式；第三，目前只有一个孩子的父母可能面临着生育二孩的巨大压力，有时会导致他们在其他个人或经济条件不成熟的情况下生育第二个孩子。除了这些潜在的不良影响外，如果治疗师对独生子女来访者带有偏见，可能会出现另外的问题。

有趣的是，一些研究确实发现，与非独生子女相比，独生子女确实表现出一些差异。例如，对荷兰儿童的一项研究发现，尽管独生子女似乎有着与非独生子女相近的幸福感和自尊心，但独生子女也表示他们对体育运动的重要性评分较低。他们更赞同父母和同龄人的观点，即他们不太擅长运动。因此，虽然游戏时避免和独生子女组队是不公平的，但有证据表明，避免和独生子女组成躲球游戏队可能是明智之举。

你需要知道的

虽然确实存在关于抚养独生子女的书籍，但父母可能真的不需要任何抚养独生子女的特殊窍门。此外，本书的其他一些章节提供了处理自私或娇纵等行为问题的资源（适用于独生子女和非独生子女）。对于孤独的孩子（无论是独生子女还是非独生子女）来说，他们可能有社交焦虑症或缺乏社交技能。推荐一本可能有用的书：《克服孩子的害羞和社交焦虑：使用认知行为技巧的自助指南》（*Overcoming Your Child's Shyness & Social Anxiety: A Self-Help Guide using Cognitive Behavioral Techniques*）。此外，迷思 43（关于假想伙伴）的结尾进一步讨论了社交技能的资源。

▼ 迷思 39
离婚毁掉了大多数孩子的生活

离婚将会毁掉孩子们的生活——这是许多有孩子的已婚夫妇最大的担忧之一。这种担忧在电视剧《广告狂人》(*Mad Men*)中得以实现，该剧描绘了美国 20 世纪 60 年代的生活。在第 6 季的结局中，唐·德雷珀的女儿莎莉被停学，这促使她母亲说出这个原因：“她来自一个破碎的家庭。”电影《美国精神病人》(*American Psycho*)以 20 世纪 80 年代为背景，让观众可以看到当来自“破碎家庭”的孩子长大成年后会发生什么事。主角是一个连环杀手［克里斯蒂安·贝尔(Christian Bale)饰］，他坦言：“我是一个来自离婚家庭的孩子，别管我。”

尽管媒体经常呈现出离婚对儿童的消极影响，但大多数研究人员估计，美国约有一半的儿童将会在 18 岁时经历父母离婚。鉴于离婚的普遍性及其给家庭带来的根本性变化，人们可以感受到这种担忧背后的力量，即离婚毁掉了孩子的生活。

离婚趋势上升始于 20 世纪 70 年代，因为生活在单亲母亲家庭的孩子从 1970 年到 1980 年几乎翻了一番。这种社会趋势震惊了许多人。率先控诉离婚的是朱迪丝·沃勒斯坦(Judith Wallerstein)，她被《时代周刊》称为“强烈反对离婚的教母”。沃勒斯坦的研究开始于来自美国北加州的 60 个家庭的 131 名儿童，他们正在沃勒斯坦的诊所寻求治疗。该研究的定性结果表明，父母离婚使儿童受到严重影响，并表示“在研究的总样本中，44%（N = 15）的儿童在一年后的随访中被发现心理状况明显恶化”。

在接下来的几年里，沃勒斯坦的言辞变得狂热起来。在 1976 年接受《纽约时报》采访时，她说：“我不想说不要离婚，但我认为孩子们甚至可能更喜欢有一个不幸的家庭。”沃勒斯坦继续撰写畅销书，《第二次机会》（*Second Chances: Men*，*Women and Children a Decade After Divorce*）以及《父母离婚后：孩子走过的内心路》（*The Unexpected Legacy of Divorce: A 25 Year Landmark Study*）。这些书使沃勒斯坦进入大众媒体，并于 2000 年接受奥普拉和美国公共电视网（PBS）《新闻时间》（*News Hour*）的采访。

在《新闻时间》中接受伊丽莎白·法恩斯沃思（Elizabeth Farnsworth）的采访时，沃勒斯坦描述了她 1971 年研究中的儿童参与者，他们在 2000 年已迈入青年时期，“他们确实认为自己因为父母的离婚牺牲了很多”。作为年轻人，沃勒斯坦注意到这些参与者，“他们很难相信他们可以爱一个人，或者有人会爱他们，这将是一种延续的关系”。

其他政治评论家已经和沃勒斯坦一起批评离婚，包括活动家和作家菲利斯·施拉夫利（Phyllis Schlafly），他在一次采访时指出，成年人应该把他们的幸福放在孩子的幸福之后，他们只有在极端情况（如虐待或成瘾）下才可以离婚。在采访中，施拉夫利似乎也暗示心理学家实际上是鼓励离婚的，而这一过程隐含风险，因为这些人可以从中牟利。劳拉·施莱辛格（Laura Schlessinger）博士也是一位大力支持者，因为他认为离婚会毁掉孩子们的生活。尽管她的博士学位是生理学（而不是心理学），但她同时还是一名家庭顾问、流行电台脱口秀节目主持人，以及几本畅销书的作者。施莱辛格在其著作《父母搞砸孩子的愚蠢行为》（*Stupid Things Parents Do to Mess up Their Kids*）中，将离婚视为主要的“蠢事”之一。

尽管与前几年相比，近年来公众普遍认为离婚相对更容易被接受，但很多人确实担心离婚对儿童的影响。皮尤研究中心（Pew Research Center）最近对公众如何看待婚姻和家庭进行了全面调查。有结果表明，61% 的人同意“孩子只有在有双亲的家庭中才能快乐成长”的说法。令人惊讶的是，这一结果根据受访者成长于一个完整的家庭（63%）或父母离婚的家庭（53%）而略有不同。其他因素似乎也会影响人们如何看待离婚对儿童的影响。例如，65 岁以上的成年人、男性、受教育程度较低的人和少数民族等群体往往认为离婚对儿童的伤害更大。在我们的研究中，40% 的学生和 47% 的父母同意“离婚往往会毁掉大多数孩子必须经历的生活”。

鉴于这项关于离婚看法的研究，对离婚影响孩子的担忧显然是许多人关注的问题。但研究表明了什么呢？关于这一主题的研究，最全面的述评之一是在 2001 年展开的，并扩展了 1991 年的一次述评。阿马托（Amato）回顾了 20 世纪 90 年代的 67 项研究，比较了父母离婚的孩子与没离婚的孩子之间的差异。这些研究发现，前者往往比后者有更多的行为问题和有关心理调试的担忧。然而，这种差异相对较小。该研究还表明，父母离婚的孩子在学业成就、自我概念和社会关系方面存在更多问题。但是，当考虑这些变量时，差异甚至更小。其他研究人员指出，当考虑到贫困水平时，离婚子女的学业成绩差异进一步缩小。

最近的研究已经开始关注离婚后一些儿童的适应问题实际上可以通过现有的家庭或父母变量（如父母的人格变量）得到更好的解释，这些变量在离婚前就已经存在并且不会改变。这项更有针对性的研究发现结果好坏参半。大约一半的研究发现，当控制这些变量时，父母离婚的儿童与双亲一起抚养的儿童之间的差异几乎消失，而另一半的研究也发现了与之前研究相同的细微差异。

这就是迷思的真相——经历过父母离婚的孩子确实在生活的各个方面都有一段时间有并发症，尽管真正的影响似乎相对较小。至于其心理学迷思之源，则是这个迷思很容易因为口耳相传而传播，因为它往往是邻居间八卦的诱人主题。

同样有趣的是，研究结果表明，父母离婚后，儿童各项机能高度依赖于父母婚姻中发生冲突的次数。对于婚姻冲突较少的夫妇，离婚似乎对他们的孩子有轻微的负面影响，因为他们可能已经失去了稳定的家庭结构的优势（从孩子的角度来看）。然而，父母婚姻冲突较多的儿童在某些功能领域没有变化，或在其他领域有所改善。研究者推测，儿童认为与单亲生活在一起远胜于高压家庭环境，父母在这种环境中共处时会产生大量冲突。

由于研究人员更仔细地研究了这个问题，他们已经偏离了离婚是否对儿童有害这一出发点，而是花更多时间关注离婚之前、期间和之后的家庭过程，这些过程为孩子带来了风险和保护因素。这个焦点引出了一个也许是关于这一迷思的最重要的问题：父母可以做些什么来帮助孩子应对离婚？

儿童在父母离婚期间面临的主要挑战之一是最开始分离的冲击。一项对父母离婚的儿童进行访谈的研究发现，23% 的人没有回忆起任何关于他们父母分居或离婚的讨论，而 45% 的人只收到一方父母的一两句话，也没有给出离婚的理由。鉴于这些情况，可以理解孩子可能应对父母最开始分离的方式。理想情况下，当父母决定离婚时，他们通常应该在父母双方都在场的情况下与孩子商量一下，说明离婚的原因要具有发展适宜性，并允许孩子提出问题。

要解决的另一个重要风险因素是，离婚期间和之后父母发生冲突的数量。在离婚期间和之后发生大量冲突的父母，特别是在孩子面前，似乎对这些孩子有负面影响。这些有害的家庭过程还包括，让孩子在父母之间传达负面信息，并在孩子面前诋毁父母中的另一方。因此，父母教育、沟通训练或其他促进协商和解决冲突，以及避免孩子参与这些负面互动的项目，可能会使这些孩子受益。

对于儿童来说，育儿质量的下降是离婚期间的另一个重要因素。离婚往往伴随着父母的愤怒、抑郁和经常性的情绪不安，从而影响良好的育儿方法。此外，父母可能会开始或增加药物和酒精的使用以应对离婚，这会再次对他们的育儿和管教方法产生负面影响。因此，促使父母合理应对这一紧张时期可以对儿童的机能产生间接的积极影响。

离婚子女的一个保护因素是，孩子与无监护权的父亲或母亲之间接触的频率和质量。最近的研究表明，当涉及儿童在许多领域的功能时，共同监护似乎优于单独监护。对于父母一方单独监护的情况，经常与无监护权的另一方接触（其中会发生积极的育儿经历）对于这些儿童来说是强有力的保护因素。然而，只有当孩子与无监护权的父母的关系是积极的时候才会这样；如果不是，这种接触就可能对孩子有害。

那么，相信这个迷思有什么害处呢？在以下几种情况中，人们会真正相信这个迷思是有害的：第一，对于与配偶处于暴力或虐待关系的成年人，这个迷思可能阻碍他们离婚并为自己和孩子寻求安全；第二，父母离婚往往对那些不幸婚姻中的孩子更有利。因此，这个迷思可能会让父母预想，他们的孩子在离婚后会有严重的问题，这可能会导致父母更加消极地看待自己的孩子。更糟糕的是，因为有这样一个迷思，在父母离婚后，孩子们可能会开始以更消极的眼光看待自己。

总而言之，“离婚会毁掉孩子生活”的观念似乎是一个长久且根深蒂固的迷思，尽管如此，它终究还是一个迷思。虽然父母离婚后，孩子在某些领域的机能似乎有所下降，但并不是在所有情况下都是这样，因为父母离婚后一些孩子的机能实际上是有所改善的。此外，机能的下降往往相对较小，而且对于许多儿童来说，这种情况只是短期的。虽然我们同意所有已婚夫妇应该努力维持婚姻，因为这样做是一个健康的选择，但我们不同意这样一种观念：仅仅是因为离婚，一个家庭就“破碎”了，或者孩子的生活就被“毁掉”了。

你需要知道的

《关于子女与离婚的真相：处理情绪，你和孩子才能得以成长》(*The Truth about Children and Divorce: Dealing with the Emotions So You and Your Children Can Thrive*）这本书为证明离婚不会毁掉孩子的生活提供了额外的证据。它还提供了关于父母如何帮助他们的孩子应对父母离婚的有用信息。一些具体主题包括现实挑战、法律问题、育儿计划，以及如何与不同年龄的孩子谈论父母的分离。

迷思 40
闲了棍子就会惯了孩子

儿童不良行为的例子就在我们身边——在影视作品和我们的生活中，随处可见。有多少次，我们看到一个孩子在操场上乱跑，推搡其他孩子，扔石头，饱受折磨的父母跟在孩子后面跑，并试图引起孩子的注意？当一位家长对另一位家长低声说“闲了棍子就会惯了孩子”时，他真正的意思是，“可要好好地教训那个孩子一顿”。似乎许多父母在处理各种儿童逾矩行为问题时，常常都会倾向于这一相对快速的权宜之计。

尽管许多父母都熟悉这句简略为“棍棒教育”的谚语，但大多数人都不太熟悉它的出处——完整的《圣经》文本。在英皇钦定本《圣经》（*New King James Version of the Bible*）中，箴言 13:24 中可用于此处的经文是这样说的：“不忍用杖打儿子的，是恨恶他；疼爱儿子的，随时管教。”许多人似乎已经将这段经文中“杖”（rod）翻译为打屁股的桨叶。但事实上，这段经文的现代翻译通常暗示了一种截然不同的含义。例如，当代《圣经》（*New Living Translation of the Bible*）包括这样一个经文版本：“如果你拒绝管教你的孩子，就证明你不爱他们……”而新国际读者版本《圣经》（*New International Reader's Version of the Bible*）指出：“那些不纠正自己孩子的人讨厌孩子……”在这两个翻译中，“杖”的概念已经被更为笼统的“惩罚”概念所取代。有趣的是，学者们认为，关于“杖”的翻译实际上可能指的是牧羊人用来轻轻指引羊群的手杖。如果人们把父母指导孩子比作牧羊人指引羊群，即把他们轻推到正确的道路上，那么这完全说得通。正如福琼（Fortune）和赫兹（Hertz）所说：“一位牧羊人用他的手杖指引羊群走上正道。手杖并没有被当作短棒使用。”（“短棒”是指“用作武器的棍棒”。）

那么，在职的神职人员如何看待“棍棒教育”这句谚语呢？最近一项调查向超过 1.4 万名美国在职的神职人员询问了他们对体罚的看法。“体罚”一词不仅包括其他形式的身体惩罚，还包括打屁股。该研究发现，不到一半的神职人员同意将“棍棒教育”这一谚语作为打屁股的理由。此外，大多数神职人员认为父母“过多地使用《圣经》来为自己的虐待行为开脱”。研究者得出结论：“与美国大众在最近的调查和民意调查中表达的态度相比，神职人员对体罚的支持显然不温不火。”因此，似乎《圣经》经文与打屁股命令之间的联系很可能是对《圣经》经文的误会，并且大多数神职人员并不会以大众理解的方式那样支持“棍棒教育”这一谚语。

一些育儿专家长期以来一直在提倡将打屁股作为一种惩罚方式的重要性。例如，詹姆斯·多布森著有多本育儿书籍，他一直直言不讳地大力倡导打屁股。多布森认为，“在腿部痛打两三下或在屁股上掐一下通常足以强调‘你必须服从我’这一点”，并补充说，“让幼儿受一点身体上的苦痛大有益处”。为了回应父母提出的如何应对孩子被打屁股后不停哭泣这一问题，多布森暗示自己会“再重复一遍最开始惹孩子哭泣的事情”。也就是说，对于多布森来说，再打一次屁股似乎可以解决第一次打屁股后孩子不停哭泣的问题。最近，他以同样的方式回答了一个类似的问题，并补充说“真正的哭泣通常持续两分钟甚至更短，但也可能持续五分钟”。他还强调打屁股“应该局限于臀部，因为这样造成永久性伤害的可能性很小”。

普通大众又是如何看待打屁股的必要性呢？在一项针对美国1000多名成年人展开的民意调查中，询问他们：“你认为有时打屁股对于管教孩子是必要的还是不必要的？”在接受调查的人中，

69% 的人表示有时打屁股是必要的，而 25% 的人表示这是不必要的。同样，在一项研究中，当父母被问到是否“有时管教孩子需要狠狠地打屁股”时，几乎 80% 的人同意这种说法。在我们的研究中，45% 的学生和 39% 的家长同意这样一句话：“如果孩子从未因自己的不良行为被打屁股，他们很可能就会被宠坏。”

打屁股仍然是一种常见的做法。研究者斯特劳斯（Straus）和斯图尔特（Stewart）分析了关于父母使用体罚的调查数据。他们发现，父母使用体罚的频率在孩子五岁时达到顶峰，超过 90% 的父母说他们在过去一年中曾使用过体罚，平均每月体罚孩子约一次。值得注意的是，大约一半的父母称每月都会打孩子的屁股，40% 的人几乎每月打一次 15 岁的孩子。一项类似的研究调查了 3 岁以下儿童的父母的惩罚方式。再次发现，即使是在非常年幼的孩子中，打屁股也相对普遍，26% 的 19~35 个月大的孩子的父母和 11% 的 10~18 个月大的孩子的父母称自己经常打孩子屁股。

尽管在过去的几十年里，打屁股的做法逐渐减少，但这种趋势已经出现了反弹。例如，在《男士健康》（*Men's Health*）读者的调查结果简介中，提出了这样一个问题：“反对体罚的运动只是另一个证明社会变得更加宽容的例子，并预示一代娇纵蛮横的孩子即将到来吗？”事实上，媒体中有很多例子似乎渴望“过去的好时光”，那时打屁股是更常见的惩罚孩子的方式。在电视剧《烈酒私酿者》（*Moonshiners*）中有这样一段台词：

> 我的成长方式和孩子现在的成长方式有很大差异。最大的区别

是，父母不再大声责骂孩子。他们让孩子去做任何他们自己想做的事情。他们就这样放任孩子，如此这般抚养孩子，这一代人将永远无法治理这个国家。

其他影视剧也展示了用打屁股来惩罚孩子在流行文化中的体现。以 20 世纪 60 年代为背景的电视剧《广告狂人》中，唐·德雷珀下班回家，他的妻子贝蒂告诉他，他们的儿子调皮捣蛋。当唐接受儿子的道歉而没有进一步惩罚时，贝蒂责备他说："你需要打他的屁股，不然他怎么会学习明辨是非呢？"唐回答说："打屁股是没用的。"贝蒂气呼呼地说："如果你的父亲没有打你，你认为你能成为今天这样的男人吗？"在《辛普森一家》中也有个类似的例子。一位美国前总统在打巴特屁股时说："我要做一件你父亲早就应该做的事情。"在情景喜剧《乔伊》(*Joey*)中，马特·勒布朗(Matt LeBlanc)饰演的角色厌倦了被一个娇纵专横的童星侮辱，于是他一边打他的屁股一边说"你需要惩罚"。从这些流行文化的例子可以看出，打屁股通常被描述成收拾被宠坏的孩子的方法。最后一个例子是《权力的游戏》(*Game of Thrones*)中的一个角色。王位准继承人史坦尼斯·拜拉席恩有一个独生女。他的顾问红袍女祭司在谈及他的女儿时说："她郁郁寡欢，顽固执拗，作恶多端……她需要被惩罚。"显然，红袍女祭司并不是在说要采用一种温和的指导方式。

在深入探究那些打屁股研究之前，重要的是要区分体罚和身体虐待。打屁股通常是为了体罚孩子，其被定义为"使用物理力量，目的是使孩子体会到疼痛而不是受伤，以便纠正或控制儿童的行为”；相反，根据美国联邦对虐待和忽视儿童的定义，“身体虐待”被认为是“父母或看护人最近的任何一种行为或未能采取行动，从而导致孩子遭受严重的身体或情感伤害，甚至死亡”。

在美国家庭中，身体虐待是非法的，但体罚是合法的。也就是说，美国父母有合法的权利打他们孩子的屁股，只要这不会给孩子造成伤害，并且大多数打屁股的实例都不属于美国定义中的“身体虐待”。当打屁股给孩子造成“身体或情感伤害”时，打屁股就会越过这个界限，变为虐待。当家长使用物体时，打屁股更有可能越线，因为物体可能会使孩子受伤。遗憾的是，多布森建议打屁股时使用“鞭子（一棵树上的小而灵活的树枝）或桨叶”。这个最近的建议只是略微修改了多布森先前使用皮带的建议。多布森之所以不鼓励用手打屁股，是因为他相信，“如果你习惯了突然用手惩罚，你的孩子可能不知道自己什么时候会挨打，当你做出一个意外举动时，孩子可能会下意识地躲闪”。公平地说，多布森显然并不建议父母给孩子造成伤害；相反，他所提出的建议是如何使打屁股成为一个惩罚孩子的策略。

任何一种惩罚策略往往都有两个目标：第一个目标是在短期内影响行为，例如使孩子立即服从；第二个目标——也许也是最重要的目标——是对行为产生更持久的影响。换句话说，父母寻求让孩子内化和普及规则的方法（例如，遵循父母的指示）。第一个问题是，打屁股是否可以使孩子立即服从？研究表明，打屁股促使孩子立即顺从，并且这比单独讲道理更有效。然而，转移对孩子的所有注意力（如在孩子调皮捣蛋后忽视孩子）结合其他任何一种惩罚策略都比单独打屁股更有效。另外三项关于儿童“思过椅”（time-out chair）的研究也发现，打屁股可以显著提高孩子在思过期间的顺从性。然而，其中两项研究还将打屁股与作为“思过椅”替换项的“隔离室”（time-out room）进行了比较。他们发现，空间隔离策略至少与打屁股一样有效，有时甚至更有效。也就是说，尽管打屁股看似确实可以在短期内提高儿童的顺从性，但其他惩罚策略至少同样有效，有时甚至更有效。

内化和推广这一教训的更大目的是什么？打屁股在这方面表现不佳。研究人员已经探究了所谓的道德内化，格肖夫（Gershoff）将其定义为“他们的长期顺从，他们对自己不良行为的内疚感，以及他们在伤害他人时做出赔偿的倾向”。在关于体罚效果的元分析中，格肖夫发现，在 15 个关于该主题的现有研究中，有 13 个研究表明打屁股实际上与道德内化有关。

另一个考虑因素是打屁股可能产生负面影响。同样，对数十项研究的元分析发现，体罚与儿童时期的几种负面结果显著相关，包括攻击性和反社会行为增加、亲子关系较差、心理健康状况较差。另一个值得关注的问题是，体罚增加了儿童成为身体虐待受害者的可能性。这可能是反对体罚的最佳论据之一，即打屁股有时可能会有意或无意地升级为身体虐待。如果刚开始打屁股并没有使孩子立即顺服，父母就会认为他们必须增加体罚的强度以使孩子顺服，直到最后他们的打屁股行为演变成虐待，上述结果尤其可能发生。

轻度到中度打屁股（不是虐待）是否与儿童时期的负面结果相关这一问题实际上是非常具有争议性的。例如，戴安娜 · 鲍姆林德（Diana Baumrind）等人就格肖夫在其元分析中得出的结论提出了几个论点。大部分争议都与研究中如何定义体罚有关。他们认为，格肖夫的元分析所使用的许多研究都混淆了用手打屁股的典型打屁股做法和更加严厉的身体惩罚（如“用棍子、腰带等打”）。因此，他们认为，较温和的体罚形式可能是无害的，一些研究报告中的负面结果实际上是更严厉、更粗暴的惩罚策略的结果。此外，打屁股和负面结果之间的相关性可能因文化而异。最后，大多数关于打屁股的负面影响的研究都是相关的，但认为相关性等同于因果关系是错误的。

鉴于有关这一主题的所有研究，为什么人们仍然认为打屁股是必要的，可以借此避免养育一个被宠坏的孩子？根据施特劳斯的说法，有几个可能的原因。例如，一些研究发现，打屁股在美国非常普遍，已经被认为是惩戒儿童的惯例。其他原因可以用心理学迷思之源来描述。例如，这个迷思的真相是，如果父母“饶恕”所有的指导和惩罚，那么他们的孩子就更可能行为不端。我们往往会记住非常宽容的父母，他们既不打屁股也不以任何方式管教，并认为不打屁股会导致孩子行为不端。打屁股的提倡者也经常使用一种错误的二分法——父母要么打屁股，要么不采取任何措施。最后，正如我们之前描述了打屁股会使孩子在短期内更顺从，这可能会影响父母继续使用这种惩罚策略的决定。

总之，虽然在某些情况下打屁股是使孩子立即顺从的有效策略，但它也许并不总是最有效的策略，长此以往会使道德内化程度降低，还可能对儿童产生意想不到的负面影响。有趣的是，关于打屁股的研究已经导致30多个国家禁止父母打孩子（“终止体罚儿童全球行动”）。虽然打屁股在美国是合法的，但美国儿科学会建议“鼓励并协助父母探索除打屁股以外的其他方法来管教不良行为”。尽管我们非常同意这一说法，但我们也相信，有时候轻轻打几下屁股不会对孩子造成伤害，并且不应使父母因轻轻打几下屁股作为偶尔的惩罚策略而感到内疚。如果父母决定偶尔打几下屁股，他们也应该意识到，打屁股最多会教孩子们“不该做什么”，所以他们还需要考虑使用一些其他方法教孩子“该做什么”。

你需要知道的

家长行为训练已经成为处理儿童对抗性行为的循证实践的领导者。《日常养育工具包》（*Everyday Parenting Toolkit: The Kazdin Method for Easy, Step-by-Step, Lasting Change for You and Your Child*）一书描述了父母如何为子女制定行为准则。美国心理学会前会长艾伦·凯斯丁（Alan Kazdin）就如何处理特定问题场景给出了具体建议，如在超市发脾气、卧室凌乱、家庭作业问题等。我们的下一个迷思将进一步谈论一种打屁股的替代方案——隔离处分。

迷思 41
短暂的计时隔离不足以帮助减少实际行为问题

“计时隔离”（time-out），又称“暂停”，是一种常用的惩罚策略，涉及“视情况阻止某种不良行为的强化的可能性”。随着研究人员将行为主义理论应用于真正的临床问题，20 世纪后半期出现了计时隔离。亚瑟·斯塔茨（Arthur Staats）和他的学生蒙特罗斯·沃尔夫（Montrose Wolf）是应用行为分析早期发展阶段的两位有影响力的人物，他们开发出计时隔离这一惩罚方法。虽然斯塔茨在家中对自己的孩子使用暂停，但沃尔夫是第一个在研究中将“积极暂停”（time-out from positive reinforcement）这一术语应用于儿童治疗的人。从一开始，暂停就与确保“陪伴式隔离”（time-in）环境得到正强化的额外目标相结合。事实上，沃尔夫博士的墓碑上就铭刻着“陪伴式隔离”。

随着计时隔离的流行，打趣计时隔离同样变得流行起来。例如，计时隔离是美国脱口秀喜剧演员常见的素材。最近，《美国达人》（*America's Got Talent*）节目中的半决赛选手约翰·温（John Wing）在表演中使用了计时隔离这组笑话，帮助他挺进第三轮达人比赛：

> 我小的时候，父母有惩罚选择项。他们可以对我大喊大叫；让我禁足在家；打我的屁股；用棍棒、园艺工具、家用器具、运动器材打我；把我锁在房间里；把我锁在房子外面；把我锁在汽车后备

箱里；用叉子刺我。现在我也是父母了。我的惩罚选项是什么？计时隔离。天啊！谢谢奥普拉，失业的亿万富翁；你会知道这一切。我父亲唯一一次喊“暂停”，就是他因痛打我而累得气喘吁吁。

喜剧演员比尔·恩格瓦尔（Bill Engvall）曾参演《蓝领的快乐之旅》（*Blue Collar Comedy Tour*），他的笑话就包括计时隔离，他说：“让我们尝试淘汰计时隔离，女士们。我们不是在这里踢足球；打那个孩子的屁股！”许多其他喜剧演员也常会使用类似的笑话。显然，一些喜剧演员认为计时隔离不足以有效减少实际行为问题。

然而，喜剧演员并不是唯一批评计时隔离的群体。育儿大师约翰·罗斯蒙德写道：“但根据我的经验，计时隔离不是一个总体上有效的方法，特别是对于非常目中无人的孩子。”此外，加特雷尔（Gartrell）总结了其他一些针对计时隔离的反对意见：

- 使孩子感到困惑；
- 挫伤孩子的积极性；
- 不能教导孩子；
- 抑制孩子的内控；
- 减少孩子对自我价值的肯定；
- 羞辱孩子；
- 对儿童施加“痛苦和折磨”。

在我们的研究中，41%的大学生和32%的家长同意“短暂的‘计时隔离’不足以帮助减少幼儿的实际行为问题”。在另一项研究中，大约 35% 的父母不认为计时隔离可以被用于有行为问题的儿童，研究结果因种族和社会经济地位而异。例如，虽然 22% 的中高收入类别的非裔美国人父母并不认可计时隔离，但在低收入类别的非裔美国父母中，这一比率上升到了 60%。白种人父母介于这两个极端之间，其中 25% 属于中高收入类别，35% 属于低收入类别，在虚构情景中他们拒绝使用计时隔离。

尽管许多家长对计时隔离持怀疑态度，但研究表明这是一种有效的方法。也就是说，数百项研究支持使用计时隔离。例如，在一项研究中，临床教学提到的学龄前儿童在一般情况下会服从 34% 的命令，当父母对不服从的孩子使用计时隔离时这一比例提高到 79%。另一项类似的研究表明，当使用思过椅（留一块隔离区域作为逃生的后援）时，89% 的儿童表现出高度的顺从性。在需要时使用短暂的计时隔离（约两分钟），短时间内孩子的行为就会有这样的进步。像这样的研究使得美国儿科学会支持将计时隔离作为一种有效的惩罚策略。

除了这些主要关注计时隔离的研究实例外，许多研究还分析了作为更大治疗方案的一个组成部分中的计时隔离。作为美国心理学会寻找循证治疗这一目标的一部分，艾伯格（Eyberg）、纳尔逊（Nelson）和特纳（Turner）搜索研究，以找出有研究支持的针对儿童破坏性行为的治疗方法。“家长行为训练”是最具有研究依据的方法的广泛标签，它包括“家长管理培训俄勒冈模型”“亲子互动疗法”（parent-child interaction therapy）、“帮助不听话的孩子”（helping the noncompliant child)、“积极父母教养课程”(positive parenting program)和“不可思议的年岁”(incredible years)。

虽然这些家长行为训练项目在如何交付给父母方面有所不同，但它们都有许多共同的组成部分。计时隔离是这些循证治疗方法的核心组成部分，这些项目也强调要以加强陪伴式隔离环境建设为重点。此外，这些项目总是能成功瞄准有实质性行为问题的儿童，包括不顺从、攻击性，以及其他破坏性行为。重要的是，这些项目通常也有长期效果。

根据研究结果，临床儿童心理学家经常建议将计时隔离纳入治疗方案的一部分，但痛苦的家长通常回应说：“我试过计时隔离，但没有效果。”如果计时隔离有效，那么为什么父母(和喜剧演员)在谈论将其作为惩罚策略时会如此苛刻？一方面，大多数父母实际上希望他们可以有几分钟时间无所事事，所以强迫他们的孩子“独处”似乎不是一个有力的惩罚手段。不同的是，大多数孩子不想有更多独处的时间且无所事事。

虽然计时隔离对很多孩子来说非常有效，甚至对有严重破坏性行为的孩子来说也是如此，但不能保证计时隔离适用于每个孩子。尝试使用计时隔离的失败经验催生了这样一种观念：计时隔离是一种无效的策略。计时隔离可能很难学习，并且在开始时只是有一些效果。也就是说，计时隔离(和陪伴式隔离)需要坚持使用，并且一旦将计时隔离作为一种惩罚手段使用，“父母称在接下来的两个月内，计时隔离变得更容易实施，并且更有助于处理孩子的顽固行为问题”。事实上，通过积极忽视某些儿童行为的干预措施，这种行为可能会在变好之前变得更糟（被称为消退性爆发），并且父母有时会在计时隔离真正起作用之前就放弃了干预。

就心理学迷思之源而言，喜剧演员可能是误导性媒体的一部分。除了单口喜剧之外，在情景喜剧、电影和商业广告中，失败的计时隔离总是比成功的计时隔离更有趣。关于计时隔离的不足，可能会有一些夸大的事实。也就是说，计时隔离并非始终适用于所有人，而且它们往往还需要更改陪伴式隔离环境。此外，在计时隔离期间，消退性爆发可能真的包括一些以前没有出现过的新的不当行为。

所有的孩子有时都会有行为问题，所有的父母都会惩罚孩子，至少在某种程度上是这样的。研究一致表明，两种育儿做法与主要的破坏性行为有关：松懈和苛刻。另一方面，当父母能够使用统一的惩罚措施而不会对行为问题反应过度时，父母可以帮助他们的孩子取得成功。正强化计时隔离是一种惩罚形式，它旨在减少不当行为，但它通过消除积极的东西（如父母的注意力、玩具、娱乐）达到此目的，而不是像其他一些惩罚手段那样增添令人反感的东西。惩罚手段若是基于增添令人反感的刺激物，则更有可能产生副作用（如“棍棒教育”迷思中所述）。计时隔离如果与丰富的陪伴式隔离环境一起使用，那么这种方法可以帮助父母以一种关怀的方式平衡规则实施。

然而，就像打屁股不能教孩子们“应该做什么”一样，计时隔离也只是教导孩子“不该做什么”。因此，计时隔离本身可能无法有效地培养出新的得体举止，这就是为什么它通常要与其他积极手段一起使用。

你需要知道的

在《35 天搞定：世界上最最最不听话的小孩》这本书中，有一章是关于计时隔离的，强调了连贯性的重要性，选择一个无聊的位置（例如，走廊里成人用的椅子上），设置大约三分钟的计时，在计时隔离期间避免与孩子交谈或大声责骂。如果父母在计时隔离期间对孩子大声责骂，就不应该被称为“计时隔离”，而是应该被称为“责骂时间”（time-to-shout）。这一章还清楚地列出了计时隔离序列中涉及的内容，以及如何在计时隔离期间处理一些常见的问题。最重要的是，计时隔离这一章仅在其他四章之后才出现，前面四章主要是关于参与、奖励、忽视和提供有效指示。

迷思 42
把孩子放在日托中心会有损亲子依恋关系

在工作周期间，相同的场景上演了一遍又一遍：焦虑的父母走进日托中心的楼房，他们怀里抱着一个婴儿或牵着一名幼儿，由日托中心的工作人员带到合适的房间。现代日托中心色彩缤纷，深受儿童喜欢，旨在营造舒适的氛围和有吸引力的环境——但仍然太梦幻了，因为许多父母必须留下他们的宝贝。可以预见也可以理解的是，许多父母离开时都会带有日托体验会有损亲子依恋关系的担忧。

20 世纪 40 年代，本杰明 · 斯波克警告父母说："在白天无法得到母亲照料的婴儿需要个人护理……一般的日托或育婴院（baby farm）对婴儿没有好处。"然而，约翰 · 鲍尔比（John Bowlby）和玛丽 · 安斯沃思（Mary Ainsworth）提出的理论在几十年后确实推动了反日托情绪。英国精神分析领域的精神病学家鲍尔比花了几年时间提出了一个全面的理论，这个理论可以解释儿童某些行为的动机，以及父母如何影响他们的孩子。该理论的一些主要原则是婴儿依恋父母，类似于一些动物（如小鹅）对母亲产生的印刻效应。鲍尔比认为，这种依恋过程是天生的，而且是人类进化的产物，因为这有助于婴儿与保护并照顾他的成年监护人保持联系。该理论还解释了为什么这种亲子依恋在生命的最初几年中尤为关键——因为那段时期父母和孩子都使用信号行为（如微笑），这些信号行为旨在引发另一方的特定行为（如增进互动）。因此，人们可以看出依恋理论为什么让父母担心他们的婴儿可能会对日托中心的工作人员而不是父母产生印刻效应。

如何衡量和评估这样的依恋关系？安斯沃思与鲍尔比合作，创建了陌生情境法（strange situation methodology），可以帮助研究人员评估儿童对其父母的依恋，并将依恋关系分为安全型、矛盾型、回避型。对于孩子来说，基于陌生情境法的测验可能是一种非常奇怪的经历。首先，孩子和父母进入一个有一些玩具和椅子的房间。然后，一个陌生人进入房间，过了一会儿，陌生人走近孩子并试图与他互动。父母一言不发地离开房间，当父母回来时，记录孩子的反应。这种分离和团聚再次重复，并对孩子的反应给予额外的关注。

在这种类型的研究中，具有安全型依恋的儿童可能会在母亲离开时感到不安，当母亲回来时，他们想要去找母亲；其他两种不具有安全型依恋的儿童在母亲再次回来时，会对母亲表现出忽视（回避型）或不满（矛盾型）。鉴于依恋理论对父母和孩子在生命最初几年建立的联系很重要，安斯沃思得出结论：日托将父母和孩子分开的时间较长，因此会有损他们的关系。

基于依恋理论，研究人员使用陌生情景测验来检查 12 个月和 13 个月大的孩子的依恋风格，根据母亲的工作时间将这些孩子的父母分为四个组：全托组、时间较长的半托组、时间较短的半托组，以及全职母亲组。结果表明，47% 的全托组父母的孩子具有不安全型依恋风格，不安全型的比率高于其他三个组——时间较长的半托组是 35%，时间较短的半托组是 21%，全职母亲组是 25%。

虽然乍一看这些差异似乎都很有趣，但有几个要点需要指明：首先，就连上述研究也表明，全托组中超过一半的儿童确实具有安全型依恋风格。因此，如果日托体验如此具有破坏性，那么在全托组中，人们可能会看到更多孩子具有不安全型依恋风格；其次，这项研究还表明，全职母亲组的不安全型依恋风格的比例高于时间较短的半托组，这进一步证明日托本身不是问题；再次，这项研究并没有后续行动；最后，也是最重要的，这种类型的研究并没有采用实验设计。也就是说，家庭并不是被随机分配到各个小组的，因此不可能在日托和依恋风格之间建立因果关系。

尽管如上所述的依恋风格研究存在固有的局限性，但一些评论家利用这项研究来支持他们关于职场母亲的鲜明观点。在过去的几十年中，最直言不讳的日托批评家之一是生理学家劳拉·施莱辛格。在《父母搞砸孩子的愚蠢行为》这本书的前言中，施莱辛格称，母亲的全职工作决定会对“孩子的生活和情绪健康造成灾难”。在那本书和其他资料中，施莱辛格也提出了以下几点：

- 母亲的全职工作决定“是错误的，可能会伤害他们的孩子和社会”；
- 日托是一个“儿童必须努力吸引注意力，不然就会遭受痛苦”的地方；
- 父母专注于自己的职业生涯，这使她担心“很多孩子将会死在日托中心”；
- 把日托中心称为“日间孤儿院”更说得通，因为日托中心的工作人员不能像父母那样照顾孩子。

施莱辛格的信息似乎传达给了很多人。“把孩子放在日托中心会对亲子关系造成伤害”这一观念继续被广泛接受。2003 年的一项民意调查表明，72% 的美国人同意“如今在日托中心长大的孩子太多了”的说法，与 1987 年相比增长了 68%。在我们的研究中，35% 的大学生和 39% 的父母同意“把孩子放在日托中心会有损儿童与父母之间的依恋关系”。

在研究将儿童安置在日托中心的正确性时，首先必须了解为什么父母选择日托中心。第一家日间托儿所于 1898 年在波士顿创建，但到 1937 年，这些中心的数量已增加到 1900 家。选择日托的人越来越多，主要原因是进入职场的女性越来越多。例如，在 1940 年，只有 27% 的女性在工作，到了 1980 年这一比例增加到 51%，到了 1997 年则增加到 60%。然而，由于在此期间离婚率和单亲家庭的比例显著增加，职场女性人数的增加并未使双薪家庭出现类似增长。因此，如果单亲母亲需要供养子女，进入职场工作就会显得越来越重要。

日托会破坏亲子关系吗？大多数研究表明事实并非如此。美国国家儿童健康与人类发展研究所（National Institute of Child Health and Human Development）发起了一项研究，以回答有关家外托儿可能对儿童和父母产生各种潜在影响的基本问题。这项大型纵向研究使用了陌生情境测验，以及更为可靠和有效的亲子依恋指标（包括对儿童的观察、对父母的问卷调查数据和电话采访）。结果表明，一方面，母亲与其婴儿之间的依恋关系不会受到日托中心的数量或质量的负面影响；另一方面，母亲对自己孩子的敏感性以及自身的心理调节关乎依恋关系的质量。在母亲的敏感性或心理调节已经存在问题的情况下，孩子在日托中心的时间越久，存在的问题就越严重，尽管高质量的日托体验有助于减轻这些问题。

研究者也研究了孩子三岁之前的亲子依恋关系。虽然结果表明，日托时日较长和照护质量差都与母子依恋关系的质量有关，但这种关系很微小，因此研究者得出这样的结论：日托中心的影响力“显然不足以有损婴儿安全型依恋的形成”。研究还发现，当母亲抑郁时，高质量的照护可以作为一种保护因素。这一发现与范德尔（Vandell）回顾的研究相似，他发现与没有参与此类项目的类似儿童相比，高质量的学前教育项目为贫困儿童带来了显著的短期和长期益处。

因此，对这一主题的研究不仅消除了日托有害的迷思，而且还证明了日托可能有益于某些母子互动。日托的一个重要好处是，它允许贫困的父母工作，并可能获得更多的收入。一项调查家庭收入增加如何影响日托中心的儿童的研究发现，对于非贫困家庭，三年的家庭收入增加对他们的孩子没有影响。然而，对于贫困家庭来说，三年的收入增加预示着他们的孩子做好了更充分的入学准备——具备了语言技能和积极的社交行为。

你可能会问：日托中心会以其他方式对儿童造成负面影响吗？许多父母担心，如果把孩子放在日托中心，孩子就更容易经常生病。研究表明，在早些时候，日托中心的孩子往往比有全职家长照顾的孩子生病次数多。事实上，可能是由于免疫效应，日托中心的孩子后些年的患病率更低。研究还表明，日托的质量（例如，儿童与照护者的比例低、照护者的教育，以及日托照护过程中的社会刺激）与许多积极的结果有关，高质量的日托预示着儿童行为积极、压力水平较低、社交能力更强。这是否意味着父母应该寻求常春藤联盟日托中心？并不是这样，因为大多数这些研究中的“高质量日托”仅仅是指符合法律和专业标准的日间托儿所，而不是最昂贵和最高级的日托中心。

人们普遍相信这个迷思有几个原因。就心理学迷思之源而言，一个促成因素可能是从相关推理到因果。也就是说，并不是仅仅因为一些研究表明日托与不安全型依恋风格相关，就意味着日托体验导致了不安全型依恋风格的形成，特别是同一研究表明，全托中心超过一半的儿童具有安全型依恋风格。此外，反日托群体提供了一种涉及对立思维的错误二分法，促进了这一迷思的形成。例如，施莱辛格对日托的批评似乎是基于这样的假设：如果母亲几乎整天都不和她的孩子在一起，她就不能真正成为一位慈爱的母亲。虽然日托中心的工作人员不会像父母那样关爱照顾孩子，但将孩子送到日托中心并不意味着父母不再关爱或照顾孩子。同样的观点也可以应用到父亲身上，但反日托群体似乎很少提到父亲应该待在家里。

因此，对于世界上所有焦虑的父母，我们都认为他们无须烦恼。人类的婴儿又不是小鸡小鹅，他们会对你而不是日托中心的工作者产生印刻效应。当父母选择日托中心时，不应让他们感到内疚。这个迷思所阐述的观点并不是每个孩子都应该去日托中心或幼儿园，我们非常尊重世界上所有的全职母亲（和父亲）！我们也同样非常尊重职场母亲（和父亲）！

▼ 迷思 43
有假想伙伴是儿童出现社会情绪问题的信号

当一个令人毛骨悚然的声音说出“REDRUM”这个词时，你也许非常熟悉。如果没有，那么你可能需要读一读斯蒂芬·金（Stephen King）所著的《闪灵》（*The Shining*）一书，或观看斯坦利·库布里克（Stanley Kubrick）改编的电影。如果你之前听过这个可怕的单词（当你用电影中的镜子倒着读这个单词时，你会看到它令人不寒而栗的意义[①]），这里有一个问题：故事中的哪个角色说“REDRUM，REDRUM，REDRUM”？有些人可能会猜测是杰克·尼科尔森（Jack Nicholson）饰演的角色，有些人则可能会猜测是他五岁的儿子丹尼。实际上，正确的答案应该是丹尼的隐形朋友托尼—— 一个活在丹尼口中的小男孩，他的话语通常由丹尼的食指动作表示（见图 4–1）。

这位看不见的朋友在《闪灵》中扮演着重要的角色。在故事的早期，独生子丹尼很难交到朋友，丹尼的父亲因醉酒发怒使丹尼的肩膀脱臼，之后不久他开始与托尼（在日托中心）说话。这一事件促使他的父亲不再饮酒，但这位看不见的朋友仍然逗留于此。虽然丹尼似乎很喜欢这位看不见的朋友，但托尼经常用各种幻象吓唬他，如血液从酒店电梯里涌出，宾馆走廊内有一对死去的姐妹。通过这位隐形的朋友，我们了解到丹尼有“闪灵”（shine），也就是

① REDRUM 是倒着写的“MURDER”（凶手）。——译者注

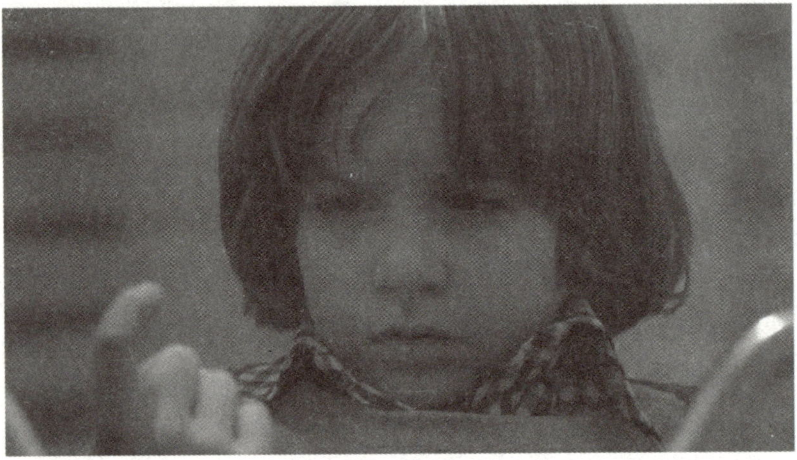

图 4–1　在电影《闪灵》中，丹尼和他的隐形朋友托尼聊天

可以看出，托尼正在通过丹尼的食指动作传递语言。

说，他可以看到过去的幻象，通过心灵感应与他人交流，并且可以看到尚未发生的事。同样值得注意的是，丹尼的父亲也开始与隐形的朋友交谈，比如丹尼在幻象中看到的死亡姐妹的父亲。

毋庸置疑，当孩子开始与自己的隐形朋友交谈时，《闪灵》可能会助长一些父母的焦虑。其他电影主要关注隐形朋友与儿童社交情感问题之间的联系。在电影《第六感》(*The Sixth Sence*)(这部电影被誉为有史以来关于儿童心理学家的最佳电影)中，九岁男孩声称自己“可以看见死人”。在电影中，看不见的人其实是鬼魂，但在现实生活中，如果孩子与看不见的死人交谈，父母会非常关心。此外，在电影《捉迷藏》(*Hide and Seek*)中，心理学家的女儿在母亲去世后似乎结交了一位隐形朋友——这又是与创伤经历有关。所有这些电影都有着令人惊讶又令人恐惧的结局，这些电影也让有隐形朋友的儿童的社会情绪健康状况受到质疑。

电视剧中也体现了隐形朋友的负面形象。在《天才保姆》（*The Nanny*）第一季中，六岁的格蕾丝有一位隐形朋友，这让她的父亲感到担忧，他说："也许我们应该增加对她的治疗。"这表明孩子有隐形朋友代表了一种心理问题。在动画片《亚瑟》（*Arthur*）某一集中，亚瑟得知妹妹有隐形朋友后，他告诉妹妹"只有婴儿才有隐形朋友"。总而言之，可以说在流行文化中，隐形朋友通常被描述为有社会情绪障碍的标志，或者至少是不成熟的行为。

在这些影视剧出现之前，父母和专业人士就已经很担心孩子有隐形朋友了。克劳森（Klausen）和帕斯曼（Passman）认为早期美国人对隐形朋友的一些看法有迷信的根源，应被去除，而在现代化之前的印度，民众看法就包括隐形朋友代表了"与前世的精神联系"这一概念。20 世纪中期，本杰明·斯波克提出，花费太多时间与隐形朋友交谈可能是生活不满意和与父母关系不融洽的结果。2000 年，格利森（Gleason）、塞班克（Sebanc）和哈吐普（Hartup）在总结一种普遍看法时说："关于假想伙伴最常见的概念之一，是它们可以弥补孩子糟糕的社会关系"。特里翁菲（Trionfi）和里斯（Reese）也在总结以前的研究时指出："早期研究经常将假想伙伴游戏归因于精神病理学、人格缺陷或社交技能不足。"

迈耶（Meyer）和蒂贝（Tuber）提供一个心理动力学的角度，他们给 18 名有假想伙伴的学龄前儿童进行了罗夏墨迹测验，他们用这些测试结果来支持他们的假设：这些孩子“更明显地否认了更强大的冲突情绪”，并且假想伙伴被用作“处理内心激烈斗争的手段”。总体而言，一些专业人士也助长了父母对孩子有隐形朋友的担忧。

关于有隐形朋友的儿童的当代看法，媒体对隐形朋友的刻画，加上心理类文学作品对隐形朋友的负面描写，对其产生了长久的影响。研究表明，不少人担心孩子有隐形朋友。在一项研究中，48% 的父亲（其子女没有隐形朋友）称，他们不喜欢自己的孩子在家中用餐时和隐形朋友一起玩扮演游戏。其中 62% 的父亲说，当他们在餐馆用餐时，他们不会喜欢这种类型的游戏。在我们的研究中，42% 的大学生和 32% 的父母认同“如果一个孩子有假想伙伴，那么这个孩子通常缺少与真实孩子的交际”。

相当多的人对隐形朋友存有顾虑，这种情况令人担忧，因为大多数父母可能至少有一个孩子有某种类型的假想伙伴。研究人员通常将隐形朋友定义为“凭空捏造的人、动物或其他无法看见的生物”。当研究人员开展与隐形朋友有关的研究时，他们通常也会加上拟人化的物体（如填充玩具），孩子会假装这个玩具是有生命的。隐形朋友和拟人化的物体都属于更广泛的假想伙伴类别，研究表明，它们在孩子们的童年时代非常普遍。

一项研究表明，多达 65% 的七岁儿童有假想伙伴，有时候约三分之二的假想伙伴是隐形朋友。虽然其他研究显示假想伙伴的比例略低，但所有研究都表明它们是一种相当普遍的现象。例如，皮尔逊（Pearson）等人研究了 1795 名 5~12 岁之间的儿童，并得出结论：有 46% 的儿童在他们生命的某个阶段有一位假想伙伴。曾有人认为假想同伴主要限于学龄前儿童，但研究表明，36% 的 5 岁儿童和 36% 的 9 岁儿童称自己目前有假想伙伴。儿童年满 10 岁时，这一比例开始下降。然而，甚至有 9% 的 12 岁儿童称自己目前有假想伙伴。

假想伙伴除了很普遍以外，研究表明它们不是社会情绪问题的信号，事实上可能与某些积极特征相关。针对 222 名儿童展开的一项早期研究表明，有假想伙伴的儿童并没有比其他儿童有更多的行为问题。在另一项针对 88 名儿童展开的研究表明，那些有隐形朋友或人格化物体的儿童拥有真心朋友的数量，与没有假想伙伴的儿童一样多。有假想伙伴的儿童的父母也认为，他们的孩子比没有假想伙伴的儿童更外向。报告显示，有假想伙伴的儿童的其他的积极特征还包括：更有沟通技巧、会讲故事，以及与成人互动。

为什么假想伙伴会得到如此不公正的评价？一个原因可能是由于早期心理学研究的性质，即更多地基于案例研究或没有对照组的临床样本。因为有临床问题的孩子通常会有假想伙伴，临床医生在两者之间建立联系时并没有意识到没有临床问题的孩子通常也会有假想伙伴。也就是说，临床医生看到的主要是有临床问题的儿童，很少看到没有临床问题的儿童，所以他们看到的孩子的任何共同点都被他们认为是临床问题的一部分。这是设置对照组如此重要的一个主要原因。

影视作品的刻画，如《闪灵》中的隐形朋友，也有可能会影响人们的观念。看到并不存在的人可能是恐怖电影的绝佳素材，因为它充分利用了人们对超自然主题和精神分裂症等复杂精神障碍的好奇心。由于隐形朋友可以成为一个有趣的情节设置，因此我们很可能每年都会在流行文化中看到这类新例子。

在获知研究表明假想伙伴有积极作用后，可能会让有的父母产生思考：如果他们的孩子没有假想伙伴，他们是否应该感到担忧？我们想要明确的一点是，没有假想伙伴也没关系。对于一个孩子来说，一直都没有假想伙伴也是很正常的。此外，没有假想伙伴的孩子可能会参与其他类型的健康想象游戏，如虚拟世界或角色扮演。

事实上，很少有精心设计的研究对比有或没有假想伙伴的儿童的社会情绪健康状况。大多数研究的样本量很小，重复次数很少。尽管如此，研究表明大约一半的儿童（5~12 岁）有假想伙伴，而另一半没有假想伙伴，这一强有力的指标表明，孩子是否有假想伙伴，家长都无须担心。

你需要知道的

如果孩子很难结交真实的朋友，那么这并不意味着假想伙伴就是问题所在。不管怎样，父母可以做一些事情帮助孩子交朋友。《永远的朋友：父母如何教孩子交朋友》（*Friends Forever: How Parents Can Help Their Kids Make and*

Keep Good Friends）这本书为父母提供了许多关于如何帮助孩子建立和保持友谊的建议。这本书植根于作者关于友谊的研究，其中一小部分主题包括：

- 寻找朋友；
- 发展有利于友谊的兴趣；
- 表现出堂堂正正的行为；
- 应对嘲笑。

速解迷思

▼ 迷思 44
出生顺序是预测儿童性格的强有力指标

凯文·莱曼曾著有《排行的秘密：出生顺序如何影响人的一生》（*The Birth Order Book: Why you are the way you are*），这本书的封底上有这样一句话："出生顺序有力地塑造着现在的你。"根据莱曼的说法，老大可靠、尽职尽责、成就至上；排行位于中间的孩子是调解员，"偶尔懒惰和冷漠也能侥幸逃脱"；最小的孩子擅长社交、性格外向、天真率直。你也许能够看到这些特征的逻辑联系（例如，排行位于中间的孩子需要在老大和老小之间进行调解），但研究表明出生顺序与性格之间没有关系，或者说，只有些许的关系。利林菲尔德等人在描述这项研究时指出："出生顺序与一些性格特征的相关性可能非常微弱，但它完全不是民间心理学所说的预测儿童性格的强有力指标。"

▼ 迷思 45
手足冲突最常见的原因是为了争夺父母的爱

西格蒙德·弗洛伊德认为，手足冲突最常见的原因是为了争夺父母的关注。然而，当处于学龄期的孩子们被问及他们与手足发生冲突的根源时，却很少提到为了争夺父母的关注。报告中一些更常见的冲突根源包括，共享物品、隐私问题和友谊。

▼ 迷思 46
拥抱疗法可以修复中断的亲子关系

在拥抱疗法期间，父母强迫孩子被拥抱至少一个小时（尽管这可以持续几个小时），这样孩子就有放弃控制的感觉，并且“如果治疗有效，孩子就会用各种方式抵抗”。也就是说，如果孩子被迫拥抱数个小时，可能就会被激怒且具有攻击性，这使我们认为拥抱疗法和终极战斗之间的主要区别在于，被控制的人可以在终极战斗中认输。拥抱疗法的目的是“修复婴儿和主要看护人员在形成期中断的关系”。换句话说，拥抱治疗师认为，消极的育儿方式会破坏孩子和父母之间的依恋关系。因此，拥抱疗法旨在通过积极的育儿方式（如拥抱和眼神接触）替代消极的育儿方式来改善这种依恋关系。这种方法通常被用来治疗领养儿童的依恋障碍。没有对照研究表明拥抱疗法是有效的，而且许多儿童和父母在这种方法中受伤。在澄清儿童发展错误观念方面做了出色贡献的让·默瑟（Jean Mercer），在其《了解依恋关系：育儿，保育和情感发展》（*Understanding Attachment: Parenting, Child Care, and Emotional Development*）一书中对拥抱治疗和依恋展开了论述。

迷思 47 父亲使用的体罚比母亲多

“打屁股”这个词经常使人联想起父亲将儿子带到工具房后面的情景，这个词也让人联想到一句短语——“等你爸爸回来”。然而，母亲打屁股的频率和父亲差不多。在 1999 年的一项针对美国父母的调查中，有 58% 的父亲和 65% 的母亲在过去的一年中对孩子实施了某种类型的体罚。在考虑年龄较大的儿童（9~12 岁）时，母亲打屁股的比例略微下降至 57%，而父亲则保持在 58% 不变。

迷思 48 奖励通常会减少父母原本想增加的期望行为

奖励通常被用来增加孩子的亲社会行为。然而，关于奖励的使用有一个普遍问题，颇具代表性的一句话是：“当强化手段被撤回时，人们参与活动的次数甚至比使用强化手段之前更少。”这个想法在《奖励的惩罚》（*Punished by Rewards: The Trouble with Gold Stars, Incentive Plans, A's, Praise, and other Bribes*）一书中得到进一步阐述，这本书声称奖励会减少“内在动机”，当奖励不再存在时，行为也会减少。虽然后来由于多种原因使得强化行为减少，但这种潜在的减少并不足以成为放弃使用奖励的原因，也就是说，奖励可用作增加孩子的行为。

奖励的价值可以通过行为文献中一个早期案例来说明——一个学龄前儿童拒绝戴眼镜。行为分析师使用有形奖励（如吃水果）及特权奖励（如在社区中散步）以逐渐塑造孩子从仅仅携带眼镜到最终戴上眼镜的行为。一旦孩子开始戴眼镜，这些随机的奖励就会消失，因为一个自然的强化因素（即能够更好地看到这个世界）会取而代之。也就是说，奖励实际上是帮助孩子接触到了戴眼镜的内在强化因素。因此，虽然奖励之后期望行为可能会减少，但是奖励之后通常是期望行为的持续增加。一旦奖励消失，这种增长通常能够得以维系。

▼ 迷思 49
夸奖会削弱孩子成功的可能性

心理研究学家、作家佩姬·德雷克斯勒（Peggy Drexler）在《培养自信孩子的关键？别再称赞他们了！》（*The Key to Raising Confident Kids? Stop Complimenting Them!*）一问中提出了“表扬实际上可能削弱成功”的观点。她还说：“有关儿童和家庭的研究告诉我们，表扬会产生与预期相反的效果。”她提出，不要表扬孩子。

在阿尔菲·科恩（Alfie Kohn）的书中也提出了类似的观点。反对表扬的人经常指出，有实验室研究表明，在儿童经历失败后，他们对不同类型的表扬有不同的反应。例如，一项研究表明，在儿童经历失败后，有人对其智力给予称赞（如“你很聪明”）时，他们通常会在听到表扬之后选择解决更容易的问题，而不是挑战自己。也就是说，只有34%的孩子听到对他们智力的赞赏后选择解决更具挑战性的问题，这个比例低于没有得到表扬的孩子（约50%）。说到这里，你可能会认为不应该表扬孩子。然而，被表扬了努力（如“你真努力”）的孩子最有可能选择解决具有挑战性的问题（92%）。因此，在这项研究中，表扬努力胜过不表扬和表扬智力。即使是反对表扬的批评家也鼓励使用一些表扬——他们只是称之为“鼓励”，而不是“表扬”。例如，他们建议父母使用诸如“你在拼写测验中表现得很好”“这是一个非常棒的故事”这样的语句，这在我们看来其实只是有关表扬的其他例子。

▼ 迷思 50 我小的时候父母并不宽容

试着猜一猜以下三句话引用的年代：

- 今天的父母在孩子3~13岁时没有提供合适的领导，这个时候孩子最需要领导；
- 宽容不仅仅是失败，还是一场灾难！

- 宽容的父母抚养的孩子经常会做他们想做的几乎任何事情。

以上语句听起来可能像是最近的引用。事实上，提出上述语句的人物及年代如下：

- 罗斯蒙德，2012 年；
- 多布森，1970 年；
- 伊尔克和埃姆斯，1955 年。

这些语句都说明人们喜欢抱怨宽容型育儿这一新兴的问题。尽管如此，以前总是会有高度宽容的父母，以后可能也总是会有这样的父母。事实上，将来也总会有人抱怨这些父母。

后　记

卡尔·萨根在其著作《魔鬼出没的世界：科学，照亮黑暗的蜡烛》中写道："在真正的科学中，还是有许多东西同样令人激动、更加神秘莫测、更具智能的挑战，还有许多接近真理的东西。"他还指出，科学通常比伪科学更有吸引力。这也适用于儿童成长科学。因此，我们在此分享几个既有趣又有研究依据的儿童发展调查结果，其中许多只是最近的发现。

真相比小说更离奇

1. 一个女人可以在同一天因两个男人而怀孕。也就是说，一些异卵双胞胎实际上有不同的父亲，这被称为"异父同期复孕现象"（heteropaternal superfecundation）。在父母因生父确认讼案而进行基因检测的异卵双胞胎研究中，异父同期复孕现象发生率为 2.4%。

2. 有些双胞胎可能是"半同卵双胞胎"（semi-identical）。虽然这非常罕见，但双胞胎仍有可能同时具有同卵性和异卵性。也就是说，在双胞胎身上，母亲的 DNA 是相同的，但父亲的 DNA 并不相同。虽然这种情况发生的确切过程值得商榷，但有一种假设认为，两个精子以某种方式使一个卵子受精，然后这个受精的卵子分裂成两个受精卵。

3. 一个胎儿有可能完全生长在另一个胎儿的体内，这被称为“胎中胎”（fetus in fetu）。当一个胚胎包裹另一个胚胎，这种情况就会发生，并且这对双胞胎都能继续生长。里面的胚胎没有大脑，但是大部分的身体组织因为宿主胚胎的血液供应得以生存。有这样一个案例，一名男子直到36岁身体内都携带有双胞胎胚胎［参见《一个双胞胎兄弟生活在体内的男人——医学经典之谜》（*Man With Twin Living Inside Him——A Medical Mystery Classic*）］。那位医生本以为这名男子有一颗肿瘤需要移除，因此当他发现真相时感到非常惊奇……病人也有同感！

4. 一些胎儿的细胞会漫游到母亲的大脑并留在那里。众所周知，胎儿的细胞可以留在母体内，这被称为“母子微嵌合”（fetomaternal microchimerism）。然而，直到最近才发现，胎儿细胞可以漫游到（并留在）母亲的大脑中。难怪母亲会花很多时间想念孩子！

5. 受孕时，父亲年龄大会增加孩子基因突变的风险，从而可能引发孤独症和其他疾病。高龄母亲一直与遗传性疾病的风险增加有关，例如唐氏综合征。由于基因突变的风险增加，最近发现高龄父亲与孤独症等疾病有关。

6. 胎儿可以识别母亲的声音。当播放母亲和陌生女性的音频时，胎儿对母亲声音的反应与对陌生人声音的反应不同：胎儿的心率往往会因母亲的声音而增加，但应对陌生人的声音时往往会降低。

7. 吮指开始于子宫。经常可以看到胎儿在子宫内吮指，而且他们往往会选一根最喜欢的手指吸吮。有趣的是，这根首选手指可能是偏手性的早期指标。在一项研究中，60 个吸吮右手指的胎儿最终都成为惯用右手的儿童，而 15 个喜欢左手手指的胎儿，其中有 10 个成为惯用左手的儿童。

8. 母乳会根据母亲吃的东西有不同的口味。研究人员已经证明，母乳的味道会根据母亲吃的食物而有所不同。

9. 过去男孩常常穿连衣裙和粉红色的衣物。在《粉色与蓝色：从美国的女孩中辨认男孩》（*Pink and Blue: Telling the Boys from the Girls in America*）这本书中，作者描述了一个世纪以前男孩穿连衣裙是何等常见。马格拉蒂（Maglaty）附上了一张富兰克林·罗斯福总统（美国任职时间最长的总统）两岁半时身穿可爱的连衣裙和漂亮的鞋子的照片。此外，直到第一次世界大战，粉红色才被认为是女孩的颜色。如今穿着粉红色连衣裙的男孩可能会引得路人纷纷回头。总而言之，这一切都说明了男性气质和女性气质的社会表现会随着时间的推移而变化。

10. 在一些记忆测试中，五岁的孩子比大学生的表现更好。在一项研究中，实验者给五岁儿童和大学生展示了几张动物图片，然后又向两组中的被试展示了更多张图片，以检查他们是否能识别出图片（第二套图片中有一半是属于第一套图片的）。在实验者加入一个意外转折之前，大学生组在这项任务上的表现优于儿童组。随后，实验者要求被试比较第一套图片（即被试必须查看每张图片与目标图片是否在某种程度上匹配）。由于这个新的转折，大学生组的识别准确率大幅下滑，低于儿童组的准确率。另一个研究小组复制了这一令人惊讶的发现。因此，在某些情况下，儿童比成年人的记忆力要好。

儿童成长领域的专家是由英雄和恶棍组成的吗

解开迷思是一件有风险的事情，尤其是涉及儿童的迷思。保罗·奥菲特在《孤独症的假先知》这本书的开篇做了最好的总结。他这样写道："我收到了很多恐吓邮件。"也就是说，有些人认为奥菲特是一个恶棍，这激发了他们向奥菲特发送恐吓邮件。另一方面，我们希望奥菲特也能收到很多"赞赏邮件"。

虽然我们不同意某些著名专家的一些言论，但我们并不认为他们是恶棍，他们不应该收到恐吓邮件。大多数专业人士都心怀善意。事实上，他们中的很多人也做了很多好事。为了说明我们的观点，我们想指出本书中讨论的一些人所做的一些好事。

首先是西格蒙德·弗洛伊德。我们承认，本书猛烈地批评了弗洛伊德。不可否认，他撰写的许多著作要么不受研究支持，要么无法用其他方式测试。不过，弗洛伊德也为世界做了很多好事。虽然他的特定方法大多不足为信，但他确实普及了这样一个观念：人们可以通过治疗改善问题。为此，我们想对弗洛伊德道声谢。

接下来是阿尔弗雷德·阿德勒。我们不同意阿德勒关于独生子女的说法。不过，我们非常喜欢阿德勒。他是弗洛伊德圈子中第一个与弗洛伊德分道扬镳的重要人物。因此，他基本上是心理学界最早的著名怀疑论者之一。此外，阿德勒提出，当父母能够在育儿方面取得平衡时，孩子会受益。他认为父母应该温柔，并且又不能过度放纵。多年后，戴安娜·鲍姆林德推崇类似的育儿方式。她称这种育儿方式具有“权威性”，今天仍然受到推崇。

随后是本杰明·斯波克。在本书中，我们引用了斯波克的一些话来展示他是如何传播一些迷思的。从某种意义上说，这对斯波克（或者之前提到过的任何一个建议者）来说真的不公平，因为他无法获取自他那个时代以来所进行的所有研究。如今我们有证据证明，他的一些观点是不准确的。不过，斯波克就儿童成长提出的大部分观点可能对父母非常有帮助。

还有威廉·西尔斯。我们曾因西尔斯提出的一些与亲密育儿法有关的观点而多次批评他。然而，和斯波克一样，西尔斯针对婴儿身体健康提出的很多建议非常有帮助。此外，正如我们在前面的章节中所提到的，他在推广母乳喂养方面也做了很多好事。

最后是约翰·B. 华生。在这本书中，我们还没有批评过华生的观点。他是行为主义的创始人，这种理论方法塑造了我们对人类行为的理解。华生也是弗洛伊德哲学的怀疑论者，并拥护心理学的重要性。事实上，本书中描述的大多数循证治疗方法都具有很强的行为影响力。然而，我们在这里提到华生，是想说明每个人都会犯错误。华生因建议父母最好不要——即使有的话——拥抱或亲吻他们的孩子而有名。尽管如此，他还是允许父母在孩子睡前亲吻一下额头，在早上和孩子握个手。因此，即使是著名的华生也提出了一些不好的建议。

我们花时间赞扬上述有影响力的人物，以说明儿童成长领域的专家并不是由恶棍和英雄组成的。大多数建议者都心怀善意，并且提出了很多可供分享的有用的信息。遗憾的是，每个人都会犯错，即使是最认真的专业人士有时也会说错话。因此，我们也可能无意中在本书中给出了一两个误导性的观点。在序言中，我们请求你来查找并告诉我们犯的错误。对一个观点持怀疑态度是一回事，但将其称为迷思则完全是另一回事。怀疑主义一直是存有疑问的，直到可以提供证据，但证据很少是绝对的——新的证据总是即将来临。当我们称一些说法为迷思时，我们提供了证据。与此同时，我们知道新的信息有可能会出现，这将迫使我们重新思考我们所说的话。你可以寻找当前的研究，并继续寻找以后的研究来支持被我们称为迷思的说法。新科技（如“谷歌学术”）将学术研究置于全世界手中，这是前所未有的。我们希望你认同这个说法：破解儿童成长的迷思是一项重要的工作。如果你从这本书中汲取一个想法，那么请记住这个：你知道的迷思比你想象的要多，但是科学总会让你朝着正确的方向前进。

作业：亲自调查儿童发展问题

本书的研究工作给我们带来了很多乐趣，我们想与你一起分享这份乐趣！下面是一个简短的问题列表。有些问题可以回答“是”，有些问题可以回答“否”，有些可能会更复杂。我们希望这对任何读者来说都是一个有趣的研究。

孕期

- 同卵双胞胎会在家族中遗传吗？
- 胎儿可以通过羊水品尝母亲吃下的食物吗？
- 在分娩过程中，“无声分娩”对婴儿来说更好吗？
- 吃胎盘（即食用胎盘的行为）是否有助于减少产后抑郁？
- 新生儿有眼泪吗？
- 是否有可靠的商用设备可以测试母乳中的酒精含量？
- 男性是否可以分泌乳汁？

成长、身体和头脑

- 神经反馈是否有助于 ADHD 儿童在课堂上更好地集中注意力？
- 坐得离电视太近会伤害孩子的视力吗？
- 吃完饭之后等 30 分钟再游泳是不是最安全的？
- 儿童肥胖症会受基因影响吗？

- 色膜覆盖（即娥兰镜片法）是否可以帮助患有阅读障碍的儿童?
- 直接教学法是不是向儿童传授学术技能的有效方式?
- 社交叙事（即社交故事）可以帮助孤独症儿童学习新技能吗?

情绪和行为

- 吮指是心理问题的早期迹象吗?
- 儿童双相情感障碍的标准是否与成人双相情感障碍不同?
- 人类是唯一可以在镜子中认出自己的生物吗?
- 一岁儿童是否会使用社交性参照来影响他们的感受?
- 两岁的孩子会有复杂的情绪（如骄傲、尴尬）吗?
- 与过去几代人相比，如今孩子的举止更糟糕吗?
- 代币经济是否能有效减少行为问题?

社会环境

- 再生疗法（rebirthing therapy）是否有助于改善依恋关系?
- 被领养的孩子能否与他们的新父母建立安全型依恋关系?
- 男生被打屁股的次数比女生多吗?
- 目前是否有学区允许学校工作人员打孩子屁股?

- 慢性病患儿是否更容易受到身体虐待？
- 如果一个孩子受到性虐待，那么这个孩子长大后是否很有可能虐待他人？
- 老师在课堂上花在女生身上的时间是否多于男生？

给教师的便笺

如果你正在教授儿童心理学课程，并希望让学生调查上述问题，你可以在教学大纲中布置以下作业：在课程的第一天，让每个人从一顶帽子里随机抽取一个问题，然后让学生调查这个问题并尝试确定答案是“是”还是“否”。在整个学期中，每个学生会就自己的主题发表演讲（大约5~7分钟）。演示文稿的结构取决于学生，但通常应涵盖以下大部分内容：

- 定义和描述；
- 推崇这一想法的专家；
- 流行文化参考；
- 民意调查；
- 对该主题的研究；
- 明确说明调查结果是“是”还是“否”（如果调查结果不一致，仍然需要说明自己倾向于哪种说法）。

对于人数较多的班级，也可以以小组为单位，为学生们布置作业。

Great Myths of Child Development by Stephen Hupp and Jeremy Jewell.

ISBN：9781118521236

北京阅想时代文化发展有限责任公司为中国人民大学出版社有限公司下属的商业新知事业部，致力于经管类优秀出版物（外版书为主）的策划及出版，主要涉及经济管理、金融、投资理财、心理学、成功励志、生活等出版领域，下设“阅想·商业”“阅想·财富”“阅想·新知”“阅想·心理”“阅想·生活”以及“阅想·人文”等多条产品线，致力于为国内商业人士提供涵盖先进、前沿的管理理念和思想的专业类图书和趋势类图书，同时也为满足商业人士的内心诉求，打造一系列提倡心理和生活健康的心理学图书和生活管理类图书。

《战胜孕期及产后焦虑》

- 从孕期到产后，用 CBT 疗法帮你做好心理调节和生理准备，顺利完成初为人母的心态转变和平稳过渡。
- 上海市精神卫生中心副主任医师、中美认知治疗连续培训项目中方主要负责人徐勇推荐。
- 好睡宝婴儿睡眠联合创始人、资深婴儿睡眠咨询师、《0~3 个月宝宝睡眠课》主讲人王石云月推荐。

《非暴力亲子沟通》

- 一本教你如何与孩子好好说话、和谐共处的自助书。
- 随书附赠《非暴力亲子沟通八周训练手册》。

《母爱向左，焦虑向右：母性矛盾心理解析》

- 一本帮助女性正确看待生育、怀孕和分娩，释放焦虑情绪，改善亲子关系经典之作。
- 本书颠覆了关于母爱的世俗观念，揭示出母爱不为人知的另一面。
- 作者深刻剖析了女性成为母亲的心路历程以及母性概念，是一本对母性心理发展具有深刻影响的作品。

《与情绪和解：治愈心理创伤的 AEDP 疗法》

- 加速的体验性动力学心理治疗（AEDP）创始人戴安娜·弗霞博士、AEDP 认证治疗师和督导师叶欢博士作序推荐。
- 借助变化三角模型，倾听身体，发现核心情绪，释放被阻断的情绪，与你的真实自我相联结。
- 让你在受伤的地方变得更强大。